WISSEN & TESTEN

DEUTSCH

Rechtschreibung/Zeichensetzung

8.–10. Klasse

WISSEN & TESTEN

Deutsch

8.–10. Klasse

Rechtschreibung/ Zeichensetzung

Cornelsen
SCRIPTOR

Autor dieses Bandes:
Peter Kohrs ist ein erfahrener Deutschlehrer und als Autor von erfolgreichen Lernhilfen zur Rechtschreibung und Zeichensetzung bekannt.

www.cornelsen.de

Bibliografische Information: Die Deutsche Bibliothek verzeichnet diese Publikation in der Deutschen Nationalbibliografie; detaillierte bibliografische Daten sind im Internet über http://dnb.ddb.de abrufbar.

Dieser Band folgt den Regeln der deutschen Rechtschreibung, die seit August 2006 gelten.

5.	4.	3.	2.	1.	Die letzten Ziffern bezeichnen
13	12	11	10	09	Zahl und Jahr der Auflage.

Redaktion: Marion Clausen, Göttingen
Reihen- und Gesamtgestaltung: Dagmar & Torsten Lemme, Berlin
Druck und Bindearbeiten: Clausen & Bosse, Leck
Printed in Germany
ISBN 978-3-589-22767-9

Gedruckt auf säurefreiem Papier,
umweltschonend hergestellt aus chlorfrei gebleichten Faserstoffen.

Vorwort

Liebe Schülerin, lieber Schüler!

Die neue Reihe ***WISSEN & TESTEN*** informiert dich knapp und genau über das Wichtigste aus einem Fach.

In übersichtlichen Lerneinheiten bekommst du auf den WISSEN-Seiten leicht verständliche Erklärungen, Regeln und Beispiele zu einem Thema. Auf den anschließenden Seiten zum TESTEN kannst du sofort überprüfen, ob du alles verstanden hast. Hier findest du Fragen und Übungen, die genau zu den vorigen Seiten passen.
Am Ende jeder Einheit stehen die Lösungen auf einem gesonderten Farbfeld, sodass du gleich kontrollieren kannst, ob du alles richtig gemacht hast. Jede Lerneinheit umfasst zwei Doppelseiten.
Im Inhaltsverzeichnis findest du schnell die Themen, die du gerade üben willst.

WISSEN & TESTEN Deutsch, Rechtschreibung/Zeichensetzung erklärt alle wichtigen Regeln, die du brauchst, um richtig zu schreiben, und veranschaulicht sie durch viele Beispiele.

Im Anhang findest du außerdem eine Liste mit schwierig zu schreibenden Wörtern und Ausdrücken sowie einige Übungsdiktate.

Hier kannst du dein Wissen auffrischen, dir Hilfe für Hausaufgaben oder Referate holen und testen, ob du fit für die nächste schriftliche Prüfung bist.

Wenn du merkst, dass dir ein Thema noch besondere Schwierigkeiten macht, solltest du diesen Bereich besonders üben, z. B. mit einer Lernhilfe, oder lies in deinem Schulbuch nach oder frage deinen Lehrer.

INHALT

1

Buchstabenschrift als Grundlage der Rechtschreibung

Das Alphabet

Die Zuordnung von Lauten (der gesprochenen Sprache) und von Buchstaben (der geschriebenen Sprache) ermöglicht es, Wörter zu lesen und zu schreiben.

Das **Alphabet** besteht aus 26 Buchstaben:
a b c d e f g h i j k l m n o p q r s t u v w x y z.
Dazu kommen der Buchstabe ß und die Umlaute ä, ö, ü.
Zu allen Buchstaben gibt es Großbuchstaben. Eine Ausnahme stellt der Buchstabe ß dar, der in Großbuchstaben SS geschrieben wird.
A B C D E F G H I J K L M N O P Q R S T U V W X Y Z
Ä Ö Ü

Man unterscheidet
- Vokale (Selbstlaute): a, e, i, o, u
  (dazu zählen auch die Umlaute ä, ö, ü),
- Konsonanten (Mitlaute): b, c, d, f ...,
- Diphthonge (Doppellaute, Zwielaute): au, äu, eu, ei, ai.

Die Zuordnung von Laut und Buchstabe

Der Idealfall für Schriftzeichen wäre, wenn jedem Laut ein bestimmter Buchstabe oder eine bestimmte Buchstabenkonstellation entsprechen würde. Dies ist aber nicht der Fall.

Zum Beispiel können in der deutschen Sprache betonte Vokale lang oder kurz gesprochen werden. Im Schriftbild werden sie unterschiedlich gekennzeichnet. Beispiele für die unterschiedliche Kennzeichnung sind hier im Folgenden zusammengestellt.

Langer Vokal:
malen, Sahne, Paar, wählen
Meter, lehren, Meer
Bibel, ihn, Flieder, Vieh
Ton, lohnen, Moor, Höhle
suchen, Kuh, kühl

WISSEN • WISSEN • WISSEN • WISSEN • WISSEN • WISSEN • WISSEN

Kurzer Vokal:
Kammer, Wälle, Katze, lackieren, Sand
Kette, hetzen, Hecke, Helm
Mitte, flitzen, nicken, Hirt
Tonne, Hölle, Klotz, Holz, hocken, sonst
Mutter, Fülle, putzen, spucken, Hund

Diphthonge (Doppellaute) werden immer lang ausgesprochen:
Häuser, Laut, Leute, Mais, Reise

Die besondere Schwierigkeit beim Erlernen der Rechtschreibung besteht also darin, dass die **Zuordnung von Laut und Buchstabe nicht immer eindeutig** ist.
Beispiele:

- Laute, die einmal lang, ein andermal kurz ausgesprochen werden, haben im Schriftbild oft den gleichen Buchstaben.
  r**e**nnen, Ballad**e**, g**e**ring
  edel, **E**feu, W**e**g
- Ein Laut kann durch unterschiedliche Buchstaben bzw. Buchstabenverbindungen bezeichnet werden.
  Beispiel [ks]: Häcksel, Hexe, Fuchs, Klecks

Die deutsche Rechtschreibung ist also nicht lauttreu, das heißt, man kann nicht grundsätzlich so schreiben, wie man spricht. Wenn dies so wäre, könnte man zum Beispiel das Wort *Fuchs* auch so schreiben:
Fuks, Fux, Fucks, Vucs ...

TESTEN • TESTEN • TESTEN • TESTEN • TESTEN • TESTEN • TESTEN

Überprüfe hier, ob das Wissen sitzt

1 Hast du sorgfältig gelesen? – Dann kannst du das Richtige in die Lücken einsetzen.

a) Das Alphabet besteht aus 24 __________ Buchstaben; dazu kommen der Buchstabe __________ und die Umlaute __________.

b) Für den Buchstaben ß __________ gibt es keinen Großbuchstaben.

c) Man unterscheidet folgende Vokale/Umlaute: A, E, I, O, U __________

d) Man unterscheidet folgende Diphthonge: __________

e) Kennzeichne die Vokale in folgenden Wörtern durch Unterstreichen:

A l p h a b e t, S c h r i f t, B u c h s t a b e n

f) Kennzeichne die Konsonanten in folgenden Wörtern durch Unterstreichen:

K o n s o n a n t e n, S c h r e i b w e i s e, S p r a c h e, G r o ß b u c h s t a b e n

2 Unterstreiche in den folgenden Wörtern jeweils den kurzen betonten Vokal.

a) M a t t e, K a m m e r, n e n n e n, f e t t, B i t t e, R i t t e r, S o n n e

b) k o m m e n, B u t t e r, k ü s s e n, B ä c k e r, B r ü c k e

3 Unterstreiche Buchstaben und Buchstabengruppen, die im Schriftbild den lang ausgesprochenen Vokal kennzeichnen.

a) Fahne, Paar, kam

b) Beet, beten, Reh

c) Biber, Fieber, ihre, sieht

d) Söhne, Boot, rot

e) Fluch, Bühne, Kuhle

4 Hast du genau gelesen? Dann kreuze die richtige(n) Aussage(n) an.

a) Diphthonge werden immer lang ausgesprochen. ☐

b) Diphthonge werden immer kurz ausgesprochen. ☐

c) Man kann oft so schreiben, wie man spricht. ☐

d) Man kann immer so schreiben, wie man spricht. ☐

e) Man kann nie so schreiben, wie man spricht. ☐

1 a) 26; ß; ä, ö, ü
b) ß
c) a, e, i, o, u, ä, ö, ü
d) au, äu, eu, ei, ai
e) Alphabet, Schrift, Buchstaben
f) Konsonanten, Schreibweise, Sprache, Großbuchstaben

2 a) Matte, Kammer, nennen, fett, Bitte, Ritter, Sonne
b) kommen, Butter, küssen, Bäcker, Brücke

3 a) Fahne, Paar, kam
b) Beet, beten, Reh
c) Biber, Fieber, ihre, sieht
d) Söhne, Boot, rot
e) Fluch, Bühne, Kuhle

4 Richtig sind die Sätze a und c.

Deutlich sprechen, genau hinsehen, Schreibweise erklären

Für das Erlernen der Rechtschreibung muss man unterschiedliche Methoden anwenden. Dies heißt, man muss unterschiedliche Sinne und Fähigkeiten einsetzen:

- genaues Sprechen und Zuhören
- genaues Hinsehen und Einprägen
- logisches Denken und Regelwissen
- Umgang mit einem Wörterbuch

Folgende Methoden und Tipps sind daher wichtig:

■ **Deutlich sprechen, genau hinhören, Sprechsilben unterscheiden**

Beispiele:

Dorf – Torf
Fahr-rad (nicht: Fahrad)
a-lar-mie-ren (nicht: alamieren)
vor-ran-gig (nicht: vorangig)
Vor-aus-set-zung (nicht Vorraussetzung)

■ **Die Schreibweise durch genaues Hinsehen und sorgfältiges Schreiben fest einprägen**

Dies gilt vor allem für schwierige Wörter, die nicht nach einer eindeutigen Regel geschrieben werden.

Beispiele:

vielleicht, Vieh

■ **Viel Lesen**

Für die eher unbewusste Einprägung der richtigen Schreibweise ist auch häufiges Lesen wichtig. Nutze darum Zeitungen, Zeitschriften und Bücher. Nimm dir die Zeit, einen Abschnitt oder Artikel auch mal besonders aufmerksam zu lesen und nicht nur „überfliegend".

Die Schreibweise erklären

Die Schreibweise lässt sich erklären

- durch ein verwandtes Wort (R**äu**ber → r**au**ben),
- durch Verlängern (Ber**g** → Berge, sie he**b**t → heben),
- durch Vergleichen mit der Schreibung anderer Wörter (Hiebe → Triebe).

Weitere Beispiele:

behände → Hand, fährt → fahren
gräulich → Grauen, grauenhaft
hupt → hupen
nummerieren → Nummer
platzieren → Platz
Quäntchen → Quantum
säubern → sauber
Stängel → Stange
Staub → staubig
überschwänglich → Überschwang

Manche Wörter kann man auf zweierlei Weise schreiben, je nachdem, wie man sie erklärt:

Schenke → ausschenken oder Schänke → Ausschank
aufwendig → aufwenden oder aufwändig → Aufwand

Bei manchen Wörtern lässt sich die Schreibung durch Vergleich erklären:

rau (Gegenteil von glatt) – weil auch *blau, grau, genau, schlau* geschrieben wird
Rad fahren – weil auch *Auto fahren, Ski fahren, Halt machen* geschrieben wird
Zierrat – weil auch *Vorrat* geschrieben wird
Känguru – weil auch *Gnu, Kakadu* geschrieben wird

2

Überprüfe hier, ob das Wissen sitzt

1 Viele Wörter kannst du so schreiben, wie du sie sprichst. Setze den richtigen Buchstaben ein; sprich dabei die Wörter laut und deutlich.

Ap___el, Kat___e, Aus___age, bekom___en, Ton___e, las___en

2 Unterstreiche in der Wörterreihe die Merkwörter, die man sich gut einprägen muss.

Kaninchen, er, laufen, kommen, du, als, vielleicht, Mutter, Stadttor

3 Viele Schreibweisen kannst du erklären oder ableiten. Erkläre die Schreibung der unterstrichenen Buchstaben durch ein anderes Wort.

a) säuerlich – ___

b) Härte – ___

c) Raub – ___

d) Hund – ___

e) bekömmlich – ___

f) er glaubt – ___

g) sie fährt – ___

4 Suche noch jeweils zwei weitere Wörter, die so geschrieben werden wie das Ausgangswort.

a) wegfahren (Zusammenschreibung)

___

___

b) Roller fahren (Getrenntschreibung)

___

___

c) sonderbar (Nachsilbe -bar/Zusammenschreibung)

____

____

d) entkommen (Vorsilbe ent-/Zusammenschreibung)

____

____

1 Apfel, Katze, Aussage, bekommen, Tonne, lassen
2 Kaninchen, vielleicht, Stadttor
3 a) sauer
b) hart
c) Räuber/rauben
d) Hunde
e) bekommen
f) glauben
g) fahren
4 (Beispiele)
a) anfahren, abfahren
b) Auto fahren, Ski fahren
c) wunderbar, verwundbar
d) entlaufen, entspringen

3

Regeln anwenden, die Bedeutung beachten, im Wörterbuch nachsehen

Regeln anwenden

Die Schreibweise lässt sich erklären, indem man sich Regeln zur Rechtschreibung bewusst macht.

Beispiele:

- Die Grundregel bei Wortzusammensetzungen heißt: Treffen bei Zusammensetzungen mehrere Buchstaben zusammen, so schreibt man alle; es darf also kein Buchstabe wegfallen:
  Rohheit (aus *roh* und *heit*), ebenso: Pappplakat, Balletttänzer, Flusssand, Seeelefant, Teeecke.
  Um das zusammengesetzte Wort besser zu gliedern und damit deutlicher lesbar zu machen, darf man auch so schreiben:
  Bett-Tuch, Ballett-Tänzer
- Die Grundregel bei Zusammensetzungen mit Einzelbuchstaben, Abkürzungen oder Ziffern heißt: Man setzt einen Bindestrich.
  Beispiele: A-Dur, x-beliebig, T-Shirt, T-Träger, 3-Tonner, 5-mal, UNO-Sicherheitsrat, Kfz-Schlosser
- Manchmal darf man ein Wort auf zweierlei Weise schreiben. In diesen Fällen sind beide Versionen im Wörterbuch angegeben.
  Beispiele: selbständig oder selbstständig, so genannt oder sogenannt, sodass oder so dass, Feedback oder Feed-back

Grammatik nutzen

Zur Erklärung der Schreibweise lässt sich auch grammatisches Wissen anwenden.

Beispiele:

Es gibt wenig **N**eues.
In der Pausenhalle war ein dauerndes **K**ommen und **G**ehen.

Um Adjektiv und Verb in den Beispielsätzen richtig zu schreiben, muss man Folgendes wissen: Nomen (Substantive) werden großgeschrieben. Auch alle anderen Wortarten können im Satz die Aufgabe der Nomen übernehmen und werden dann ebenfalls großgeschrieben. In den Beispielsätzen sind das Adjektiv *neu* und die Verben *kommen* und *gehen* zu Nomen geworden. Sie haben wie Nomen jeweils einen bzw. mehrere Begleiter *(wenig/ein dauerndes)* bei sich.

■ Auf die Bedeutung achten

Es gibt etliche Wörter, die gleich klingen, aber unterschiedlich geschrieben werden. Hier hilft es, sich die Bedeutung klarzumachen, in der man sie benutzt.

Beispiele:

Lärche (Baum)	Lerche (Singvogel)
leeren (einen vollen Eimer)	lehren (in der Schule)
Lid (Auge)	Lied (Gesang)
mahlen (Mehl)	malen (mit Farbe)
Mal (ein einziges Mal)	Mahl (Essen)
Reede (Hafen)	Rede (Ansprache)
Seite (Buch)	Saite (Instrument)
Sohle (Schuh)	Sole (Salz)
Waagen (Messgeräte)	Wagen (Fahrzeuge)
Wal (Säugetier)	Wahl (eines Abgeordneten)
Weise (Musik)	Waise (elternloses Kind)
wieder (noch einmal)	wider (gegen)

■ Bei Unsicherheit: immer das Wörterbuch befragen

Um das Wörterbuch benutzen zu können, sollten Schreiberinnen und Schreiber die Technik des Nachschlagens beherrschen. Dazu gehören die Kenntnis des Alphabets und Sicherheit beim Auffinden der Buchstaben-Reihenfolge. Wichtig: ein Wörterbuch verwenden, das auf der Grundlage der aktuell gültigen Regeln der Rechtschreibung basiert.
Wichtig ist auch, dass man ein Bewusstsein und ein Gespür entwickelt für mögliche Fehlerquellen und unterschiedliche Schreibmöglichkeiten.

Überprüfe hier, ob das Wissen sitzt

1 Setze jeweils den fehlenden Vokal oder Konsonanten ein.

a) Tee__rnte fett__riefend Krepp__appier Bett__uch

b) Kaffee__rsatz schnell__ebig Geschirr__einiger

c) Kunststoff__lasche Kenn__ummer hell__ila

2 Kennzeichne in der Klammer die Bedeutung des Wortes.

a) sehen (______________________) – säen (______________________)

b) Ruhm (______________________) – Rum (Schnaps)

c) Leib (______________________) – Laib (Brot)

3 Finde drei Beispiele für Zusammensetzungen mit Einzelbuchstaben, Abkürzungen oder Ziffern.

____

____

____

4 Bringe folgende Wörter in die richtige alphabetische Reihenfolge. Trage die Ziffern 1 bis 6 ein.

- leistungsgerecht
- Leid
- leutselig
- Laubwald
- Lakritz
- Lokal

5 Leite aus folgenden Wörtern jeweils Nomen ab.
Nutze Zusammensetzungen, Vor- oder Nachsilben wie im Beispiel.

wohnen – *Wohnung, Wohnhaus*

einsam – *Einsamkeit, Vereinsamung*

Bruder – *Bruderschaft, Verbrüderung, Gebrüder*

Ruhe – ____________________

fühlen – ____________________

reich – ____________________

Garten – ____________________

1 a) Teeernte, fetttriefend, Krepppapier, Betttuch
b) Kaffeeersatz, schnelllebig, Geschirrreiniger
c) Kunststoffflasche, Kennnummer, helllila

2 a) sehen (Sinneswahrnehmung), säen (bebauen; Saatgut in die Erde geben)
b) Ruhm (Ehre)
c) Leib (Körper)

3 (Beispiele)
x-mal, S-Kurve, Fußball-WM, der 17-Jährige, ein 100stel-Millimeter

4 Lakritz
Laubwald
Leid
leistungsgerecht
leutselig
Lokal

5 (Beispiele)
Ruhe – Unruhe, Ruhestand, Ruhigstellung, Geruhsamkeit
fühlen – Fühler, Gefühl, Mitgefühl
reich – Reichtum, Königreich, die Reichen
Garten – Vorgarten, Gärtner, Gartenstuhl, Gärtchen

4

Tipps und Tricks für das Üben

Fehlerkartei

Zu deinen persönlichen Problemwörtern – schwierigen Wörtern, die du bei einer Hausarbeit oder Klassenarbeit falsch geschrieben hast – kannst du dir eine persönliche Fehlerkartei anlegen. Die Wörter schreibst du, nach den Anfangsbuchstaben alphabetisch geordnet, auf Karteikarten.

- Mit einem Partner oder einer Partnerin kannst du die Problemwörter üben: zunächst eine Reihe von Wörtern genau anschauen, danach diktieren lassen und aufschreiben. Ziel sollte sein, möglichst wenig Fehler zu machen, um die richtige Schreibweise fest einzuprägen: Schreiben lernt man vor allem durch richtiges Schreiben.
- Von einem Partner werden die Übungswörter genannt, buchstabiert oder nach Sprechsilben gesprochen. Etwa 50 Prozent aller Wörter sind lauttreu, somit kann die richtige Schreibung bei diesen Wörtern durch sorgfältiges Sprechen und genaues Hinhören herausgefunden werden.

Reime und Eselsbrücken

Reime oder Merkverse helfen, einfache Regeln zur Rechtschreibung einzuprägen und anzuwenden:

- *Gar nicht* wird gar nicht zusammengeschrieben.
- Verlängere das Wort und du hörst es sofort.
- Nach l, m, n, r, das merke ja, steht nie tz und nie ck.
  Merke weiter dir genau, nie tz und ck nach ei, eu und au.
- Wer *nämlich* mit h schreibt, ist ...
- Geht voran t, sch und q, kommt kein Dehnungs-h hinzu.
- Anreden und Ausrufe trennt man knapp vom übrigen Satz durch Komma ab.

Lesen im Rückwärtsgang

Bei der Überarbeitung eines eigenen Textes kannst du die Rechtschreibkontrolle dadurch besonders effektiv machen, dass du deinen Text Wort für Wort rückwärts liest. So bist du gezwungen, dir jedes Wort genau anzusehen.

Reimwörterspiel

Zusammen mit dem Partner werden möglichst viele Reimwörter gesucht und aufgeschrieben:

normal, egal, Regal, Fanal ...
lassen, fassen, hassen, Massen, Rassen ...

Rückwärtswörter lesen

Hierbei ist man gezwungen, auf jeden Buchstaben zu achten:

sträwkcür – r ü c k w ä r t s.

Wortumrisse

Schwierige Wörter werden als Wortumrisse dargestellt. Auch hier ist man gezwungen, auf jeden einzelnen Buchstaben und auf deren Ober- oder Unterlängen zu achten.

v i e l l e i c h t

Wortsterne

Lege Wortsterne an, wie in den Beispielen zu sehen, und bilde möglichst viele Wörter.

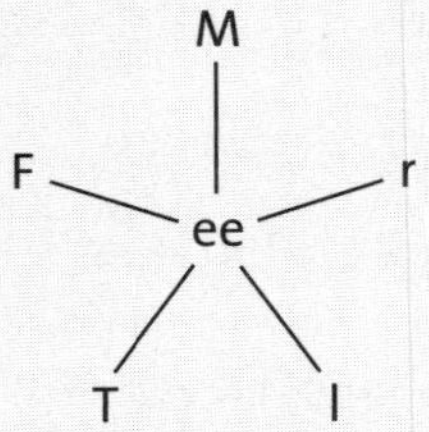

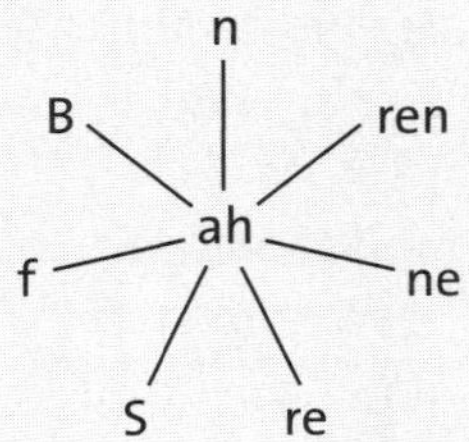

Überprüfe hier, ob das Wissen sitzt

1 Hast du die Tipps für die Rechtschreibung genau gelesen? Kreuze Zutreffendes an.

a) Zu den besonders einfachen Wörtern, die du ohnehin schreiben kannst, legst du am besten eine Fehlerkartei an.

b) Etwa 50 Prozent aller Wörter sind Mitschreibwörter, das heißt, du kannst diese so schreiben, wie du sprichst.

c) Eselsbrücken sind einfache Rechtschreibhilfen als Merkverse. Sie helfen dir im Zweifelsfall.

d) Wenn man einen Text oder ein Wort rückwärts liest, ist man gezwungen, ganz genau hinzusehen und auf jeden Buchstaben zu achten.

e) Schwierige Wörter kann man in Form von Wortumrissen darstellen; man ist dann gezwungen, genau zu schreiben.

f) Eine Fehlerkartei legt man am besten ungeordnet in einem Heft an.

2 Ordne den Wörterreihen jeweils eine passende Eselsbrücke zu.

a) Herz, Schmalz, Ranke, Imker, heizen, Pauke, Schnauze

b) Komm, ich helfe dir. Emmi, kommst du mit?

c) Ton, Qual, Schule, Quote, Tal, Tat

d) Berg – Berge, freundlich – freundliche Leute, Staub – staubig

3 Löse den folgenden Wortstern auf:

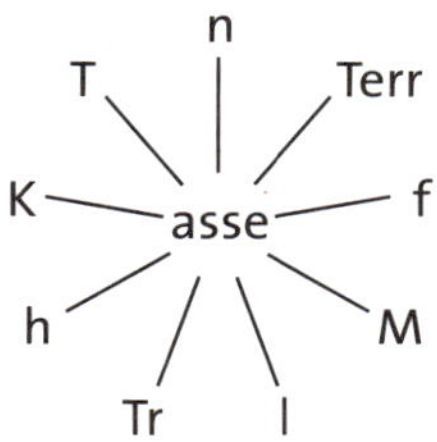

4 Schreibe die folgenden Merkwörter in die passenden Wortumrisse:

Verwandtschaft, Philosoph, Rhythmus

1 Richtig sind b, c, d, e.

2 a) Nach l, m, n, r, das merke ja …
b) Anreden und Ausrufe …
c) Geht voran t, sch und q …
d) Verlängere das Wort …

3 Terrasse, Trasse, fassen, lassen, hassen, Tasse, Masse, nasse, Kasse

4 Philosoph
Verwandtschaft
Rhythmus

5

Vokale und Vokalverbindungen

Kurze und lange Vokale – ihre besondere Kennzeichnung im Schriftbild

Die Kürze oder die Länge des Vokals wird im Schriftbild unterschiedlich gekennzeichnet.

Kurzer betonter Vokal (Schärfung): zum Beispiel durch Verdoppelung des folgenden Konsonanten (Sonderregelung bei tz und ck).

Beispiele:

Kanne, Matte, Hass, hell, bitten, Tipp, Tonne, brummen, dumm, Katze, Lack, hetzen, Hecke, flitzen, nicken, Trotz, trocken, Schmutz, ducken

Beachte: Bei Fremdwörtern kann die Schreibweise von dieser Regel abweichen.

Beispiele:

Klub, fit

Langer Vokal (Dehnung): durch Dehnungs-h, durch Verdoppelung des Vokals oder ohne Längezeichen
(Sonderregelung: Dehnungszeichen e beim lang ausgesprochenen [i].)

Beispiele:

kam, Kahn, Paar
Bibel, ihn, sieben, Vieh
Schule, Huhn
Meter, Kehle, See
Ton, Sohn, Moor

Bei den folgenden Beispielen sind ähnliche Wörter unterschiedlicher Bedeutung mit kurz und lang ausgesprochenem Vokal gegenübergestellt.

Dehnung (langer Vokal)	Schärfung (kurzer Vokal)
der Kahn	die Kanne
er kam	die Kammer
der Sohn	die Sonne
der Ton	die Tonne
wählen	die Wälle

WISSEN • WISSEN • WISSEN • WISSEN • WISSEN • WISSEN • WISSEN

Dehnung (langer Vokal)	Schärfung (kurzer Vokal)
der Wal	der Wall
wohnen	die Wonne

■ Schreibung von Konsonanten nach kurzem betonten Vokal (Schärfung)

Ein Konsonant nach einem kurzen betonten Vokal wird meist verdoppelt, es sei denn, es folgt noch ein anderer Konsonant (Wellen – welken; Nesseln – Nester).

Beispiele für Konsonantenverdoppelung:

Affe, ein bisschen, Hass, er hatte, hoffen, er kann, lassen, Lotterie, nimm!, Porzellan, sie tritt, schlimm, wann

Bei verwandten Wörtern oder Formen, die man aufeinander beziehen kann, bleibt die Verdoppelung erhalten.

Beispiele:

der Galo**pp** – galo**pp**ieren
er ka**nn** – kö**nn**en
er ka**nn**te – ke**nn**en
die Kontro**ll**e – kontro**ll**ieren
die Nu**mm**er – nu**mm**erieren

Beachte die Ausnahmen: Bei einigen Wortgruppen wird der Konsonant nicht verdoppelt, obwohl ein betonter kurzer Vokal vorausgeht. Dies betrifft:

- Wörter mit Bestandteilen, die nicht selbstständig vorkommen, zum Beispiel: **Brom**beere, **Im**biss, **Wal**nuss
- einsilbige Fremdwörter (oft aus dem Englischen übernommen), zum Beispiel: Klub, Mob, Gag, Twen, Bus (aber: Busse), fit (aber: fitter), Jet (aber: jetten), Slip
- Fremdwörter wie: Kapitel, Roboter, April, Ananas, Hotel, Kamera
- bestimmte einsilbige Wörter, zum Beispiel: an, ab, bis, es, man, mit, ob, plus, um, von, was
- die folgenden Verbformen: ich bin, er hat

TESTEN • TESTEN • TESTEN • TESTEN • TESTEN • TESTEN • TESTEN

Überprüfe hier, ob das Wissen sitzt

1 Kurzer Vokal (Schärfung) oder langer Vokal (Dehnung) werden im Schriftbild unterschiedlich gekennzeichnet. Trage in das Kästchen ein: S (Schärfung) oder D (Dehnung).

- ☐ tz oder ck nach kurzem Vokal
- ☐ Dehnungszeichen h
- ☐ Vokalverdoppelung
- ☐ einfacher Vokal ohne besonderes Längezeichen
- ☐ Verdoppelung des folgenden Konsonanten nach kurzem Vokal
- ☐ Dehnungszeichen e bei lang ausgesprochenem [i]

2 Kennzeichne in den folgenden Wörtern den betonten, kurz ausgesprochenen Vokal mit einem Punkt.

wandern, Wanne, kommen, wenn, bunt, Motte, Kasse, muss

3 Kennzeichne die lang ausgesprochenen Vokale und ihre (möglichen) Dehnungszeichen mit einem Strich.

a) mühsam, viel, Hohn, Saal, kam

b) Seele, Tee, mehr, Meer, Pfote, Blut

c) wunderbar, nämlich, Fieber, ihnen, Vieh, Tiger

4 Kennzeichne in den Wörtern den kurzen betonten Vokal mit einem Punkt und den lang ausgesprochenen Vokal oder Doppellaut mit einem Strich.

a) Klasse, Sahne, nehmen, Ton, Motte, Rahmen

b) nett, groß, Futter, er hat, Pärchen, suchen

c) Klee, Matte, schieben, Raum, Sonne, zahm, es zieht

d) Bitte, Bibel, Säle, fahren, ihn, Fett

5 Setze bei den folgenden Ausnahmeschreibungen einen passenden Buchstaben ein:
Trotz vorausgehendem kurzen Vokal keine Verdoppelung des Konsonanten.

a) Bu___, Ilti___, Hi___

b) Hote___, Mi___i, Je___

c) A___anas, Ci___ y, Li___ it

1 Schärfung, Dehnung, Dehnung, Dehnung, Schärfung, Dehnung

2 a, a, o, e, u, o, a, u

3 a) Hohn, Saal, kam
b) Seele, Tee, mehr, Meer, Pfote, Blut
c) wunderbar, nämlich, Fieber, ihnen, Vieh, Tiger

4 a) nehmen, Ton, Motte, Rahmen
b) nett, groß, Futter, er hat, Pärchen, suchen
c) Klee, Matte, schieben, Raum, Sonne, zahm, es zieht
d) Bitte, Bibel, Säle, fahren, ihn, Fett

5 a) Bus, Iltis, Hit
b) Hotel, Mini, Jet
c) Ananas, City, Limit

k und ck, z und tz

Für die Verdoppelung von Konsonanten nach kurzem Vokal gilt für die Schreibung der Laute [k] und [z] eine besondere Regelung. Da es in deutschen Wörtern kein kk und kein zz gibt, schreibt man ck und tz, wenn ein kurzer betonter Vokal vorausgeht.

Beispiele:

A**ck**er, Bä**ck**er, Gebä**ck**, lo**ck**en, Re**ck**
Ka**tz**e, Klo**tz**, si**tz**en, Schu**tz**, Ta**tz**e

Folgt nach kurzem Vokal neben k bzw. z noch ein weiterer Konsonant, so wird nur k bzw. nur z geschrieben.
Hier gilt dann die bekannte Eselsbrücke: „Nach l, m, n, r, das merke ja, steht nie tz und nie ck!“

Beispiele:

Ha**rk**e, Ba**nk**, Ba**lk**en, I**mk**er
He**rz**, Ho**lz**, ra**nz**ig

Nach langem Vokal oder Diphthong (Doppellaut) wird k bzw. z geschrieben.

Beispiele:

Laken, Pauke, quaken
Dezember, siezen, heizen, Kauz, Kreuz

Beachte: Bei **Fremdwörtern** wird von der Schreibung mit ck bzw. tz abgewichen.
Statt ck schreibt man **kk** oder **k**:

Akkusativ, Akkordeon, Makkaroni, Mokka, Sakko
Aktion, aktiv, direkt, Doktor, Fabrik, Kritik, Plastik, Politik, perfekt

Statt tz schreibt man **zz**:

Pizza, Razzia, Skizze, Terrazzo

Auf einen Blick: z, tz, zz und k, ck, kk

Überblick: z, tz, zz

- Z/z am Wortanfang: **Z**eichen, **z**ucken, **z**wanzig
- Nach l, n, r: z (nicht tz) – Ar**z**t, gan**z**, Gren**z**e, Har**z**, Hol**z**, Schmer**z**, wür**z**en
- Nach langem Vokal: z – du**z**en, Kapu**z**e, Flö**z**
- Nach Diphthong (Doppellaut): z – Hei**z**ung, Kau**z**, Kreu**z**, rei**z**end
- Nach kurzem Vokal: tz – Aufsa**tz**, Hi**tz**e, Ka**tz**e, pu**tz**en, si**tz**en, Spa**tz**, Verle**tz**ung
- Nur in wenigen Fremdwörtern zz: Ja**zz**, Pi**zz**a, Ra**zz**ia, Ski**zz**e, Terra**zz**o

Überblick: k, ck, kk

- K/k am Wortanfang: **K**ammer, **k**ommen, **K**unst
- Nach l, m, n, r: k – Bal**k**en, Ban**k**, Har**k**e, Im**k**er, Mur**k**s, sin**k**en
- Nach langem Vokal und Diphthong (Doppellaut): k – La**k**en, Lo**k**al, Pau**k**e
- Nach kurzem Vokal: ck – He**ck**e, Na**ck**en, me**ck**ern, Sto**ck**, Stü**ck**
- Nur wenige Fremdwörter mit kk: A**kk**ord, A**kk**u, a**kk**urat, A**kk**usativ, Ma**kk**aroni, Mo**kk**a, Sa**kk**o

6

Überprüfe hier, ob das Wissen sitzt

1 Hast du sorgfältig gelesen? Kreuze die zutreffenden Aussagen an. Bei der Schreibung der Laute [k] und [z] gilt für deutsche Wörter:

a) Man schreibt ck oder tz, wenn ein kurzer betonter Vokal vorausgeht.

b) Man schreibt grundsätzlich k oder z.

c) Man schreibt k und z nach langem Vokal.

d) Man schreibt k und z nach einem Diphthong (Doppellaut).

e) Man schreibt grundsätzlich ck oder tz.

f) Man schreibt k und z nach den Buchstaben l, m, n , r.

2 Setze **k** oder **ck** richtig in die Lücken ein; schreibe jeweils den passenden Buchstaben aus Übung 1 davor.

Win___el, Bal___ken, Im___er, Har___ e

Bä___er, le___er, Sa___, Bo___, Zu___er

Pau___e, hei___el

Ma___el, Lo___al, E___el

3 Setze **z** oder **tz** richtig in die Lücken ein; schreibe den passenden Buchstaben aus Übung 1 davor.

si ___zen, verle___ en, Aufsa___, zule___t

d___zen, s___zen, D___zember

Her___, Hol___, Wan___ze

Hei___ung, Kreu___, Käu___chen, Schnau___e

TESTEN • TESTEN • TESTEN • TESTEN • TESTEN • TESTEN • TESTEN

4 Suche jeweils drei verwandte Wörter mit gleicher Schreibung: k, ck, z, tz

a) reizen – ______________________________

b) spritzen – ______________________________

c) Wirkung – ______________________________

d) Zweck – ______________________________

e) Platz – ______________________________

1 Richtig sind: a, c, d, f.

2 f Winkel, Balken, Imker, Harke
a Bäcker, lecker, Sack, Bock, Zucker
d Pauke, heikel
c Makel, Lokal, Ekel

3 a sitzen, verletzen, Aufsatz, zuletzt
c duzen, siezen, Dezember
f Herz, Holz, Wanze
d Heizung, Kreuzung, Käuzchen, Schnauz

4 (Beispiele)
a) Reiz, reizend, reizvoll
b) Spritze, bespritzen, spritzig
c) Wirkungsweise, wirkungslos, bewirken
d) zweckentfremden, bezwecken, zweckmäßig
e) platzieren, Platzanweiser, Plätzchen

7

Die Schreibung langer Vokale (Dehnung)

Ohne Längezeichen

Lange Vokale werden im Schriftbild unterschiedlich gekennzeichnet. Man schreibt sie **oft ohne Längezeichen,** das heißt nur mit dem einzelnen Buchstaben.

Beispiele:

Bad, reden, Tiger, Mode, tun

Beachte: Das Präfix (Vorsilbe) *ur-* und die Suffixe (Nachsilben) *-bar, -sal, -sam* werden immer ohne Längezeichen geschrieben.

Beispiele:

müh**sam**, sonder**bar**, Trüb**sal**

Mit Längezeichen h

Man schreibt oft **mit dem Längezeichen h,** wenn einem betonten langen Vokal (oder dem Doppellaut ei) ein unbetonter kurzer Vokal folgt oder in erweiterten Formen folgen kann.

Beispiele:

Kr**äh**e, f**äh**ig, dr**eh**en, Dr**eh**ung, dr**oh**en, Dr**oh**ung, Fl**öh**e (Fl**oh**), fr**üh**er (fr**üh**)

Gegenbeispiele: heiter, Ton (Töne), Tür (Türen)

Mit dem Längezeichen h wird auch oft geschrieben, wenn einem betonten lang ausgesprochenen Vokal l, m, n oder r folgt.

Beispiele:

lahm, **ahn**en, **Ruhm**, **Uhr**, **Huhn**, **Höhl**e, **Möhr**e, **fühl**en, **Bühn**e

Das h als Dehnungszeichen bleibt meistens auch in verwandten Wörtern erhalten.

Beispiele:

f**ah**ren – Fähre, Abfahrt, Gefährt
f**eh**len – Fehler, Fehltritt
fl**ieh**en – er floh, geflohen, Fliehkraft
l**eih**en – sie leiht, sie lieh, Leihgabe
s**eh**en – er sah, gesehen, der Seher
st**eh**len – er stiehlt, gestohlen, Diebstahl

Beachte: Bei den folgenden gleich ausgesprochenen, aber unterschiedlich geschriebenen Wörtern muss man unterscheiden und auf die Bedeutung achten.

d**eh**nen (erweitern)	d**e**nen (Pronomen: So etwas passiert denen nie!)
M**ah**l (Essen)	M**a**l (das Mal, das andere Mal)
m**ah**len (Getreide)	m**a**len (Bild)
S**oh**le (Schuh)	S**o**le (Salz)
W**ah**l (Abstimmung)	W**a**l (Säugetier)
w**ah**r (richtig)	w**a**r (Präteritum von sein: Es war sehr warm.)

■ Verdoppelung

Man kennzeichnet manchmal den lang ausgesprochenen Vokal **durch Verdoppelung,** und zwar bei den Vokalen a, e und o.

Beispiele:

aa: Aal, Aas, Haar, Paar, Saal, Staat, Waage

ee: Beere, Beet, Fee, Klee, Schnee, See, Speer, Tee, Teer

oo: Boot, Moor, Moos, Zoo

Beachte: Bei den folgenden gleich lautenden Wörtern muss man Schreibung und Bedeutung unterscheiden:

W**aa**gen (Messgeräte)	W**a**gen; etwas w**a**gen
H**ee**r	h**e**r (Komm mal her!)
l**ee**ren (etwas ausleeren)	l**eh**ren (jemandem etwas beibringen)
M**ee**r	m**eh**r
M**oo**r	M**oh**r
R**ee**de (Hafen)	R**e**de (Ansprache)
S**ee**le, s**ee**lisch	s**e**lig

Beachte: Bei Umlauten gibt es keine Verdoppelung.

Beispiele:

H**aa**r – H**ä**rchen, P**aa**r – P**ä**rchen, S**aa**l – S**ä**le, B**oo**t – B**ö**tchen

7

Überprüfe hier, ob das Wissen sitzt

1 Ordne den folgenden Wortreihen die richtige Kennzeichnung zu und schreibe den richtigen Buchstaben davor.

a = ohne Längezeichen

b = mit Längezeichen h

c = Vokalverdoppelung

- Sohn, Bahn, Kuhle, nehmen, stehlen, Sahne
- er kam, beten, rot, Blut, holen, Biber, offenbar, klar
- Beet, Paar, Saal, Boot
- wider, lügen, sägen, tot, König

2 Suche jeweils zwei verwandte Wörter, bei denen die Schreibung des langen Vokals gleich bleibt.

a) wahr

____

b) klären

____

c) beten

____

d) Tiger

____

e) Fähre

____

3 Unterscheide die Bedeutung. Schreibe diese in die Klammern.

a) malen (________________) – mahlen (________________)

b) Wagen (________________) – Waagen (________________)

c) Laib (________________) – Leib (________________)

4 Setze den richtigen Buchstaben oder die richtige Buchstabengruppe ein. Achte auf die Bedeutung des Wortes.

a) Der W___ l ist kein Fisch, sondern ein Säugetier.

Oft sagt man: Wer die W___l hat, hat auch die Qual.

b) Viele Märchen fangen mit „Es w___ einmal" an.

„Das ist nicht w___r!", sagt man, wenn man die Wahrheit anzweifelt.

c) Das M___r ist voller Geheimnisse.

„Ich kann nicht m ___r", meint Lars, als er zu schnell gelaufen ist.

1 b, a, c, a

2 (Beispiele)
a) Wahrheit, wahrhaftig
b) klar, Klarheit
c) Gebet, Vorbeter
d) Tigerkäfig, tigern
e) fahren, Fahrer

3 (Beispiele)
a) malen (zeichnen) – mahlen (das Korn)
b) Wagen (Gefährt) – Waagen (zum Wiegen)
c) Laib (Brot) – Leib (Körper)

4 a) Wal, Wahl
b) war, wahr
c) Meer, mehr

8

Längezeichen bei lang ausgesprochenem [i]

Das lang ausgesprochene [i] wird im Schriftbild meistens durch **ie** wiedergegeben.
Beispiele:
b**ie**ten, D**ie**be, H**ie**be, h**ie**r, L**ie**be, S**ie**be, Tr**ie**be, w**ie**der

Manchmal wird das lang ausgesprochene [i] durch den Einzelbuchstaben i wiedergegeben.
Beispiele:
B**i**bel, B**i**ber, Br**i**se, d**i**r, F**i**bel, du g**i**bst, er g**i**bt, **I**gel, m**i**r, N**i**sche, Pr**i**mel, T**i**ger, w**i**r, W**i**sent

Beachte: Einige Endungen (-ine, -il, -in) in Lehn- und Fremdwörtern werden mit i geschrieben.
Beispiele:
Mandar**ine**, Margar**ine**, Masch**ine**, Krokod**il**, Vent**il**, Benz**in**, Mediz**in**

Selten wird der lange i-Laut zusätzlich durch den Buchstaben **h** gekennzeichnet.
Diese wenigen Wörter muss man sich merken:
ih: ihm, ihn, Ihnen, ihr
ieh: fliehen, Vieh, wiehern, ziehen

Beachte: Die folgenden gleich klingenden Wörter haben eine unterschiedliche Bedeutung und werden unterschiedlich geschrieben.

wieder (erneut, zurück)	**wider** (gegen)
wiedergeben	widersprechen
wiederholen	widerlegen
wiederbekommen	widerspiegeln
wiederbringen	widersetzen

Wortzusammensetzungen mit **wieder** werden entweder zusammengeschrieben oder getrennt geschrieben.

- Zusammenschreibung: **wieder** im Sinne von zurück
  Würdest du mir das Buch wiedergeben?
- Getrenntschreibung: **wieder** in der Bedeutung von erneut, nochmals
  Er würde es genauso wieder machen.

Wortzusammensetzungen mit **wider** werden immer zusammengeschrieben.

Er wollte ihr nicht widersprechen.

Auch bei den folgenden Beispielen sind Schreibweise und Bedeutung zu unterscheiden:

F**ie**ber (erhöhte Temperatur)	F**i**ber (Faser)
L**ie**d (Gesang)	L**i**d (Auge)
M**ie**ne (Gesicht)	M**i**ne (Kugelschreiber)
St**ie**l (Besen)	St**i**l (Aufsatz)

Überprüfe hier, ob das Wissen sitzt

1 Hast du sorgfältig gelesen? Dann kreuze die richtigen Aussagen an.

a) Das lang ausgesprochene i wird meistens ie geschrieben.

b) Das lang ausgesprochene i wird selten durch ein Dehnungs-h gekennzeichnet.

c) Das lang ausgesprochene i wird meistens mit einfachem i geschrieben.

d) Zusammensetzungen mit wider werden immer zusammengeschrieben.

e) Wortgruppen mit wieder werden immer getrennt geschrieben.

2 Setze **ie**, **i**, **ih** oder **ieh** richtig ein.

a) Der Bauer treibt sein V______ w______der auf die Weide.

b) Der D______b st______lt ______m seine Geldbörse.

c) Der S______ger läuft als Erster durchs Z______l.

d) Das Benz______n ist i______m v______ zu teuer.

e) Die Apfels______nen sind saftig und schmecken gut.

3 Setze jeweils **i** oder **ie** in die Lücke ein: Wann schreibst du *wider*, wann schreibst du *wieder*?

a) Er reicht eine W______derspruchsklage ein.

b) Wann wird er das Buch w______derbekommen?

c) Das Experiment war nicht w______derholbar.

d) Der Kranke ist noch nicht w______derhergestellt.

e) Sie hat sich dem Plan mit allen Mitteln w______dersetzt.

f) Die Sonne hat sich im Wasser w______dergespiegelt.

4 Suche jeweils ein weiteres Wort aus der Wortfamilie mit gleicher Schreibung des [i]-Lautes.

a) Widerstand – ______________________

b) wiedergeben – ______________________

c) widerspenstig – ______________________

d) wiederkehren – ______________________

e) wiedererstatten – ______________________

5 Unterscheide Schreibweise und Bedeutung; setze **i** oder **ie** jeweils richtig ein.

a) Sein Augenl___d tat ihm plötzlich weh. Ihr L___dvortrag entzückte alle Zuhörer.

b) Sie fand seinen Schreibst___l ziemlich abgehoben. Die Harke braucht mal einen neuen St___l.

c) Seine M___ne drückte nicht gerade Begeisterung aus. M___nen sind Sprengkörper, die oft unschuldige Opfer fordern. Die M___ne seines Kugelschreibers müsste mal ausgewechselt werden.

1 Richtig sind a, b, d.

2 a) Vieh, wieder
b) Dieb, stiehlt, ihm
c) Sieger, Ziel
d) Benzin, ihm, viel
e) Apfelsinen

3 a) Widerspruchsklage
b) wiederbekommen
c) wiederholbar
d) wiederhergestellt
e) widersetzt
f) widergespiegelt

4 a) widerstehen
b) Wiedergabe
c) Widerspenstigkeit
d) Wiederkehr
e) Wiedererstattung

5 a) Augenlid/Liedvortrag
b) Schreibstil/Stiel
c) Miene/Minen/Mine

9

Wörter mit ä und mit e

Die Schreibung von ä und e kann man nicht eindeutig heraushören. Man muss sich die Schreibweise entweder merken oder sie ableiten.

Beispiele:

älter, Eltern, er fährt, fremd, Hemd, Pferd

■ Schreibung mit ä

Mit ä werden Wörter geschrieben, zu denen es in der Regel ein verwandtes Wort mit a gibt.

Beispiele:

er fällt → fallen
Hähne → Hahn
Kämme → Kamm
quälen → Qual
Ställe → Stall
täglich → Tag

Manche Wörter mit ä muss man sich merken, weil es keine Ableitung mit a gibt. Dazu gehören die Wörter:

allmählich, dämlich, fähig, gähnen, Gerät, Gräte, Käfer, Käfig, Käse, Mähne, nämlich, schräg, spät, Träne, während, zäh

Bei den folgenden Wörtern muss man Schreibweise und Bedeutung unterscheiden.

Ehre	Ähre (Korn)
Feld	er fällt (→ fallen)
Felle	Fälle (→ Fall)
Lerche (Vogel)	Lärche (Baum)
Schwemme (Überfluss)	Schwämme (→ Schwamm)
Segen	sägen
Stelle	Ställe (→ Stall)
Welle	Wälle (→ Wall)
Wende	Wände (→ Wand)
Zeh	zäh

Hier kannst du die Schreibweise selbst bestimmen, je nachdem, von welchem Wort du ableitest:

Schänke (→ Ausschank) oder Schenke (→ schenken)
aufwändig (→ Aufwand) oder aufwendig (→ aufwenden)

■ **Wörter mit äu und mit eu**

Die beiden Doppellaute werden gleich ausgesprochen; die Schreibweise lässt sich also nicht heraushören.

Beispiele:

Eule, Feuer, Häute, Räuber, Säule, teuer

Mit äu werden die Wörter geschrieben, zu denen es in der Regel ein verwandtes Wort mit au gibt.

Beispiele:

B**äu**erin → B**au**er
Gr**äu**el → gr**au**enhaft
h**äu**fig → H**au**fen
H**äu**ser → H**au**s
K**äu**zchen → K**au**z
l**äu**ten → l**au**t
sich schn**äu**zen → Schn**au**ze
verbl**äu**en → bl**au**

Die Schreibung der folgenden Wörter muss man sich gut merken. Es gibt dazu keine Ableitung mit au:

das Knäuel, sich räuspern, die Säule

Beachte: Das folgende Wort hat zwei Bedeutungen:
gräulich (→ grau) – gräulich (→ grauenvoll)

Bei den folgenden Wörtern muss man die Schreibweise und die Bedeutung unterscheiden:

heute	die Häute (→ Haut)
die Leute	läute! (→ Laut)

Überprüfe hier, ob das Wissen sitzt

1 Suche für die Wörter mit ä und äu jeweils ein verwandtes Wort oder eine andere Wortform mit **a** und **au**.

a) älter – ____________________

b) Wälder – ____________________

c) Häuserlücke – ____________________

d) säuerlich – ____________________

e) Stängel – ____________________

f) Gänse – ____________________

g) es läutet – ____________________

h) tätlich – ____________________

i) versäumen – ____________________

j) Häuptling – ____________________

2 Setze ein: **ä** oder **e**. Versuche die Schreibweise der Wörter mit ä abzuleiten. Achtung: In jeder Reihe taucht ein Merkwort mit ä auf, dessen Schreibung man nicht ableiten kann.

a) t___glich, H___hne, Tr___ne, f___rtig, H___rd

b) K___ller, F___ld, w___hrend, Kr___ne, K___mme

c) h ___ll, Str___nde, Ger___t, Pf___rdewagen

3 Setze **äu** oder **eu** ein. Versuche die Schreibweise der Wörter mit äu abzuleiten. In jeder Reihe taucht ein Merkwort mit äu auf, dessen Schreibung man nicht ableiten kann.

a) St___er, H___te, M___schen, Sch___ne, S___le

b) Kn___el, H___ser, M___te, F___er, h___te, R___ber

c) t___er, r___spern, Gr___el, absch___lich, l___ten, B___erin

4 Hast du aufmerksam gelesen? Dann kannst du die folgenden Wörter schreiben. In jeder Reihe schreibt man ein Wort mit **ai**.

a) K___ser, l___se, fr___, R___se, Sp___se, Bew___se, Kr___se

b) Fr___heit, ber___ten, f___ern, L___e, M ___sterschaft, G ___ster

c) L___bspeise, M___s, ber___ts, H___ßluftballon, Z___tr___se

5 Kennzeichne die Bedeutung der Wörter in der Klammer wie im Beispiel.

a) Stelle (*Ort, Platz*) – Ställe (*Behausung für Tiere*)

b) Zeh (________) – zäh (________)

c) Wende (________) – Wände (________)

d) Häute (________) – heute (________)

e) Weise (________) – Waise (________)

f) Leichen (________) – laichen (________)

1 a) alt f) Gans
b) Wald g) laut
c) Haus h) Tat
d) sauer i) Saum
e) Stange j) Haupt

2 a) täglich (Tag), Hähne (Hahn), **Träne** (Merkwort), fertig, Herd
b) Keller, Feld, **während** (Merkwort), Kräne (Kran), Kämme (Kamm)
c) hell, Strände (Strand), **Gerät** (Merkwort), Pferdewagen

3 a) Steuer, Häute (Haut), Mäuschen (Maus), Scheune, **Säule** (Merkwort)
b) **Knäuel** (Merkwort), Häuser (Haus), Meute, Feuer, heute, Räuber (Raub)
c) teuer, **räuspern** (Merkwort), Gräuel (grauenhaft), abscheulich, läuten (laut), Bäuerin (Bauer)

4 a) **Kaiser,** leise, frei, Reise, Speise, Beweise, Kreise
b) Freiheit, bereiten, feiern, **Laie,** Meisterschaft, Geister
c) Leibspeise, **Mais,** bereits, Heißluftballon, Zeitreise

5 b) Zeh (Teil des Fußes) – zäh (ausdauernd)
c) Wende (Wechsel) – Wände (des Hauses)
d) Häute (Tier) – heute (Zeitangabe)
e) Weise (Art und Weise) – Waise (elternloses Kind)
f) Leichen (tote Menschen) – laichen (bei Fröschen: Eier ablegen)

10

Verwendung von *das* und *dass*

Bei der Schreibung der Wörter *das* und *dass* muss man sich die unterschiedlichen Wortarten und ihre Aufgaben im Satz klarmachen.
Lerntipp:
Als Faustregel für die Schreibung kann man sich merken: Wenn man *das* durch *ein, dieses, jenes, welches* ersetzen kann, wird **das** geschrieben.

das	Wortart: **Artikel** (Begleiter des Nomens) Beispiel: **Das** Mädchen kommt. Ersatzprobe: **Ein** Mädchen kommt.
das	Wortart: **Demonstrativpronomen** (hinweisendes Fürwort) Beispiel: Sie wissen **das** nicht. Ersatzprobe: Sie wissen **dieses** (dies, jenes) nicht.
das	Wortart: **Relativpronomen** (bezügliches Fürwort) Beispiel: Er vermisst das Buch, **das** er verliehen hat. Ersatzprobe: Er vermisst das Buch, **welches** er verliehen hat. Das Relativpronomen kann auch eine Präposition bei sich haben. Beispiele: Das Heft, in **das** (in welches) ich die Hausaufgaben eingetragen habe, ist mir abhanden gekommen.
dass	Wortart: **Konjunktion** (Bindewort) Die Konjunktion leitet immer einen Nebensatz ein und verbindet diesen mit einem Hauptsatz oder einem anderen Nebensatz. Beispiel: Aische versteht nicht, **dass** Kurt nicht kommt. Die Ersatzwörter für ***das*** *(ein, dieses, jenes, welches)* kannst du hier also nicht einsetzen. Daher ist *dass* eine Konjunktion und wird mit *ss* geschrieben.

In dass-Sätzen steht immer ein Komma. Die Konjunktion dass leitet einen Nebensatz/Gliedsatz ein, der vom Hauptsatz durch Komma abgetrennt wird.

Beispiel:

Dass du kommst, freut mich sehr. Es freut mich sehr, dass du kommst.

Tipp: Grammatisches Wissen anwenden

Mache die Ersatzprobe. Die gesuchten Wörter *das* und *dass* sind entweder Artikel *das* (Ersatzwort: ein), Demonstrativpronomen *das* (Ersatzwort: dieses oder jenes), Relativpronomen *das* (Ersatzwort: welches) oder die Konjunktion *dass* (kein Ersatzwort möglich). Durch eine Ersatzprobe kannst du also herausfinden, wann *das* oder *dass* geschrieben wird.

	Artikel	Demonstrativ-pronomen	Relativ-pronomen	Konjunktion
Er fiel hin, so dass er sich				x
das (ein) Knie verletzte.	x			
Er kauft sich das (ein) Buch.	x			
Er hatte das (dieses) überhaupt nicht bemerkt.		x		
Sie wollte ihm das (dies) nicht sagen.		x		
Dass Marlene nicht gekommen war, enttäuschte Felix sehr.				x
Dass so etwas möglich ist, hätte ich nicht gedacht.				x
Das (Ein) Jeanskleid,	x			
das (welches) sie im Schaufenster sah, war ihr einfach zu teuer.			x	

Überprüfe hier, ob das Wissen sitzt

1 Hast du sorgfältig gelesen? Kreuze die richtigen Aussagen an.

a) Die Kenntnis der unterschiedlichen Wortarten hilft dir bei der Schreibung von *das* und *dass* kaum. [X]

b) Der Artikel *das* begleitet immer ein Nomen. [X]

c) Beim Demonstrativpronomen *das* kann man die Ersatzprobe mit *ein* machen, [ ]

d) Beim Relativpronomen *das* kann man die Ersatzprobe mit *welches* machen. [X]

e) Das Demonstrativpronomen *das* kann man durch *dieses* oder *jenes* ersetzen. [X]

f) Die Konjunktion *dass* leitet immer einen Nebensatz ein. [X]

g) In *dass*-Sätzen steht immer ein Komma. [X]

h) In *dass*-Sätzen steht nie ein Komma. [ ]

i) Die Konjunktion *dass* leitet immer einen Hauptsatz ein. [ ]

j) Die Konjunktion *dass* verbindet einen Nebensatz mit einem Hauptsatz. [X]

k) Mit der Faustregel kann man herausbekommen, wann man *das* oder *dass* schreibt. [X]

2 Ergänze **das** oder **dass**. Setze den richtigen Buchstaben dahinter. Mache bei den Wörtern mit *das* die Ersatzprobe mit *ein, dieses/jenes* oder *welches*.

A = Artikel | D = Demonstrativpronomen

R = Relativpronomen | K = Konjunktion

a) Das Kätzchen flüchtet vor dem Hund auf einen Baum. A

b) Greta liest das spannende Buch. A

c) Sie versteht, dass Moritz heute nicht kommt. K

d) Er hätte nicht gedacht, dass dies passieren könnte. K ✓

e) Johanna möchte unbedingt das Kleid anprobieren, das sie im Schaufenster gesehen hat. R ✓

f) Malena wollte ihrer Freundin das nicht schon wieder zumuten. D ✓

g) Ole wirft seinem Freund Jakob vor, dass er dauernd Ausreden hat. K ✓

h) Sie hatte das einfach übersehen. D ✓

i) Katrin findet es nicht gut, dass beim Vorlesen dauernd jemand dazwischenredet. K ✓

j) Felix findet das Thema, das im Augenblick im Physikunterricht behandelt wird, sehr spannend. A R ✓

k) Er meint, dass er das noch nicht kennt. K D ✓

l) Er findet das neue Auto spitze. A ✓

1 Richtig sind die Aussagen: b, d, e, f, g, j, k.

2
a) das (Artikel)
b) das (Artikel)
c) dass (Konjunktion)
d) dass (Konjunktion)
e) das (Relativpronomen)
f) das (Demonstrativpronomen)
g) dass (Konjunktion)
h) das (Demonstrativpronomen)
i) dass (Konjunktion)
j) das (Artikel)/das (Relativpronomen)
k) dass (Konjunktion)/das (Demonstrativpronomen)
l) das (Artikel)

11

Weich und scharf ausgesprochene s-Laute

S-Laute können auf zweierlei Weise ausgesprochen werden:

a) weich (gesummt, stimmhaft)
   Beispiele:
      sauer, säuseln, Esel, Saat, leise, verreisen
b) scharf (gezischt, stimmlos)
   Beispiele:
      Gras, Hass, grüßen, Fluss, besser, er las

Zu a): Die Beispiele machen deutlich, dass der weich ausgesprochene s-Laut immer mit einfachem s geschrieben wird.
Beispiele:
   Rose, Bluse, Sand, böse, losen

Beachte: Das weiche oder stimmhafte s wird im Süden Deutschlands oft gezischt oder stimmlos gesprochen. Die Schülerinnen und Schüler haben es hier also besonders schwer, weil sie **nicht hören,** wenn man s schreibt (leise, rasen). Sie müssen sich die **Schreibweise einprägen** oder **im Wörterbuch nachsehen,** wenn sie unsicher sind.

Zu b): Bei dem scharf oder gezischt ausgesprochenen s-Laut unterscheidet man drei Schreibweisen:

- die Schreibung mit einfachem s,
- die Schreibung mit ss,
- die Schreibung mit ß.

Die meisten scharf ausgesprochenen, doch mit einfachem s geschriebenen s-Laute kann man durch Ableitung oder durch Verlängern erklären. Man hört dann bei der Ableitung das weich ausgesprochene s.
Beispiele:
   Eis → eisig
   Glas → Gläser
   häuslich → Häuser
   er las → lesen
   Preis → Preise

Beachte die Ausnahmen!

- aus, es, raus, was
- das (Artikel oder Pronomen)

  Beispiel:

  Sie kauft sich das (Artikel) Buch, das (Pronomen) ihr empfohlen wurde.
- manche Wörter mit st (am Anfang des Wortstammes wie [scht] ausgesprochen)

  Beispiele:

  steif, Stufe, er stand, verstehen
- Wörter mit sp (wie [schp] ausgesprochen)

  Beispiele:

  zerspalten, verspotten, Spaten, spielen, sparen

Überprüfe hier, ob das Wissen sitzt

1 Kreuze hier nur die richtigen Aussagen an.

a) S-Laute können weich (gesummt/stimmhaft) oder scharf (gezischt/stimmlos) ausgesprochen werden. ☐

b) Alle s-Laute werden weich ausgesprochen. ☐

c) Wenn ein s-Laut scharf (gezischt/stimmhaft) ausgesprochen wird, kann man drei Schreibweisen unterscheiden: s, ss, ß. ☐

d) Wird ein s-Laut weich oder gesummt ausgesprochen, wird er immer mit einfachem s geschrieben. ☐

e) Ein scharf ausgesprochener s-Laut wird immer mit ss geschrieben. ☐

f) Alle s-Laute werden scharf ausgesprochen. ☐

2 Die folgenden Wörter werden mit einfachem s geschrieben, weil man beim Verlängern oder Ableiten ein weiches s heraushören kann. Schreibe ein solches Wort auf und unterstreiche darin das weich ausgesprochene **s**.

a) das Lo**s** – ____________________

b) der Fel**s** – ____________________

c) der Bewei**s** – ____________________

d) sie verrei**s**t – ____________________

e) er verspei**s**t – ____________________

f) es brau**s**t – ____________________

g) das Glei**s** – ____________________

h) der Hal**s** – ____________________

i) das Mäu**s**chen – ____________________

j) Gra**s**samen – ____________________

TESTEN • TESTEN • TESTEN • TESTEN • TESTEN • TESTEN • TESTEN

3 Setze folgende Wörter und Silben zu neun Wörtern zusammen und schreibe sie auf. Kennzeichne das weich ausgesprochene s (4 Mal).

Kreis Haus kopf Lau jun Mau lauf
fal Na weis Kraus Preis se
Streu le se tür sel ku chen
Ros se ma ge rin schild

1 Richtig sind die Aussagen: a, c, d.

2 a) Lose
b) Felsen
c) Beweise
d) verreisen
e) verspeisen
f) brausen
g) Gleise
h) Hälse
i) Mäuse
j) Gräser

3 Kreislauf
Haustür
Krauskopf
Lausejunge
Mausefalle
Naseweis
Preisschild
Streuselkuchen
Rosmarin

12

Schreibung mit ss

Wenn man bei scharf oder gezischt ausgesprochenen Wörtern die Schreibung mit einfachem s nicht ableiten kann (Los – losen), wird immer dann ss geschrieben, wenn ein **kurzer** betonter Vokal oder Umlaut vorausgeht.
Beispiele:

im Wortinnern	vor Konsonant	am Wortende
küssen	sie küsst	Kuss
hassen	er hasst	Hass
passen	es passt	Pass
		dass

Beachte die Ausnahmen: Bestimmte **Endungen** werden mit einfachem s geschrieben, obwohl der s-Laut scharf ausgesprochen wird und man die Schreibung mit s nicht ableiten kann. Es handelt sich dabei um die Endungen ***-as, -is, -nis, -os, -us.***
Beispiele:
Atlas, Krisis, Gefängnis, Albatros, Globus

Bei manchen dieser Wörter steht im **Plural** ss, sofern keine andere Pluralform gewählt wird und das s am Wortende erhalten bleibt.
Beispiele:
Atlasse/Atlanten, Krisen, Gefängnisse, Albatrosse, Globusse/Globen

Beachte: Der Wortbaustein Miss-/miss- wird immer mit ss geschrieben.
Beispiele:
missbilligen, Misserfolg, misslingen, Missetat, missraten, Missstand

Beachte und unterscheide:

Aa**s** (verwesende Tierleiche)	A**ss** (Spielkarte)
bi**s** (Konjunktion)	Bi**ss** (→ beißen)
da**s** (Artikel, Pronomen)	da**ss** (Konjunktion)
fa**s**t (beinahe)	er fa**ss**t (→ fassen)
du ha**s**t (→ haben)	du ha**ss**t (→ hassen, Hass)
er i**s**t (→ sein)	er i**ss**t (→ essen)
Kü**s**te	er kü**ss**te (→ küssen)

Unterscheide:

bis	Biss	bisschen
bis heute	die Bisswunde	ein bisschen
bis hierher	der Imbiss	ein bisschen früher

Unterscheide auch:

nach langem Vokal oder Doppellaut: s oder ß	nach kurzem Vokal: ss
Esel, Wiesen	Busse, Flosse,
Haus (Häuser), er las (lesen)	er schoss, Wissen
Buße, Floß, Gruß, Spieß	

Schreibung mit ß

Wenn man bei scharf oder gezischt ausgesprochenen Wörtern die Schreibung mit einfachem s nicht ableiten kann, wird immer dann ß geschrieben, wenn ein langer betonter Vokal oder Doppellaut vorausgeht.
Beispiele:

im Wortinnern	vor Konsonant	am Wortende
grüßen	er grüßt	Gruß
fließen	es fließt	Floß
heißen	sie heißt	weiß
Maße	es gießt	Maß
Größe	sie büßt	groß

Da bei manchen Wörtern bei der Flexion (Beugung) und bei Ableitungen die Länge und Kürze des Vokals wechseln, wechselt entsprechend auch die Schreibung von ss und ß.
Beispiele:

Vokal lang gesprochen	Vokal kurz gesprochen
fließen, Floß	Fluss, er floss
genießen	er genoss, Genuss, Genüsse
Maß	messen

12

Überprüfe hier, ob das Wissen sitzt

1 Kennzeichne jeweils den kurzen betonten Vokal vor dem ss durch einen Punkt.

a) Schlüssel
b) lassen
c) fassen
d) Flosse
e) Klasse
f) Sessel
g) vermissen
h) Insassen
i) Messinstrument

2 Unterscheide die Bedeutung; setze den richtigen Buchstaben ein: **s** oder **ss**?

a) Der Schlangenbi___ erfordert eine sofortige ärztliche Behandlung.

Er wartete, bi___ sie endlich kam.

b) Du ha___t mir immer sehr geholfen.

Dass sie ihn so sehr ha___t , kann er überhaupt nicht verstehen.

c) Sie hätte ihn fa___t übersehen.

Jetzt fa___t er vor Angst nach ihrem Arm.

d) Sie i___t diesmal völlig überrascht.

Er dagegen i___t in aller Ruhe weiter.

e) Aasgeier leben von Aa___.

Sie hat beim Kartenspiel ein A___ gezogen.

3 Kannst du die Ausnahmen richtig schreiben? Setze den richtigen s-Laut ein:

a) Verständni___
b) Atla___
c) Hinderni___e
d) Ilti___
e) Albatro___e
f) Globu___e
g) Kosmo___
h) Autobu___
i) Zeugni___e

4 Unterstreiche den langen Vokal oder Doppellaut vor dem ß.

a) Gruß
b) Fußmatte
c) Spieße
d) Straßenbelag
e) Größenordnung
f) Fließgeschwindigkeit
g) zerreißen
h) er ließ
i) sie grüßt
j) weißlich
k) maßvoll

1 a) Schlüssel
b) lassen
c) fassen
d) Flossen
e) Klasse
f) Sessel
g) vermissen
h) Insassen
i) Messinstrument

2 a) Schlangenbiss/bis
b) hast/hasst
c) fast/fasst
d) ist/isst
e) Aas/Ass

3 a) Verständnis
b) Atlas
c) Hindernisse
d) Iltis
e) Albatrosse
f) Globusse
g) Kosmos
h) Autobus
i) Zeugnisse

4 a) Gruß
b) Fußmatte
c) Spieße
d) Straßenbelag
e) Größenordnung
f) Fließgeschwindigkeit
g) zerreißen
h) er ließ
i) sie grüßt
j) weißlich
k) maßvoll

Schreibung der s-Laute im Überblick

Für die Schreibweise der s-Laute gilt, dass man besonders auf die Aussprache achten muss (weich oder hart gesprochen), dass Ableitungen oder Wortverlängerungen helfen und dass man sich die Schreibweise von Ausnahmen einprägen sollte.
Bei der Schreibung von *das/dass* muss man sich die Wortart klarmachen. Faustregel: Wenn man das durch *ein, dieses, jenes, welches* ersetzen kann, wird *das* geschrieben.

Schreibung der s-Laute: s, ss, ß
s • **gesummt** (stimmhaft) gesprochen: Esel, sausen • Schreibweise erklären: Hals – Hälse, er reist – reisen • Ausnahmen beachten: Aas, aus, bis, das, es, du hast, er ist Atlas, Ereignis, Gefängnis, Globus, Kürbis, Iltis
ss • **scharf** (stimmlos) gesprochen nach **kurzem** Vokal: Flüsse, Gasse, sie lässt, lassen, Atlasse, Ereignisse
ß • **scharf** (stimmlos) gesprochen nach **langem** Vokal und Doppellaut: fließen, groß, Maß, heißen
das/dass • als **Artikel, Demonstrativpronomen, Relativpronomen:** das Gib mir das Glas, das auf dem Tisch steht. Er mochte das nicht. • als **Konjunktion:** dass Es war sicher, dass heute niemand mehr kam.

Beachte: Wenn der Buchstabe ß nicht zur Verfügung steht, schreibt man ss, zum Beispiel bei der Schreibung in Großbuchstaben.

Beispiel:

Straße – STRASSE

Überprüfe hier, ob das Wissen sitzt

1 Setze in den beiden folgenden Lückentexten den richtigen s-Laut ein: s, ss oder ß?

a) So war e___ im Lande Utopia

In die___em Lande gab e___ au___ergewöhnlich gro___e Kühe. Daher machte e___ den Menschen eine Rie___enarbeit, die Milch die___er Kühe zu ___ammeln und aufzubewahren. Sie wu___ten schlie___lich nicht mehr, wo ___ie die viele Milch la___en ___ollten. De___halb lie___en ___ie rie___ige Teiche bauen, um darin die Milchma___en zu sammeln.

b) Bestrafte Habgier

Ein Hund, der ein rie___enhaftes Stück Fleisch in ___einem Maul trug, stand an einem Flu___ . Al___ er in___ Wa___ er schaute, ___ah er ___ein Spiegelbild. Er glaubte darin einen anderen Hund zu ___ehen, der ein noch grö___eres Stück Fleisch im Maul hatte. Gierig schnappte er nach dem vermeintlich grö___eren Bi___en und mu___te dabei da___ Fleischstück lo___la___en. Die___es wurde ___ofort von der rei___enden Strömung fortgeri___en. So mu___te schlie___lich der gefrä___ige Hund erkennen, da___ er gar nichts mehr zu fre___en hatte.

2 Muss es **das** oder **dass** heißen? Ergänze.

a) Lehrer einer Friseurklasse in der Berufsschule: „Was tun Sie, wenn Sie merken, da___ Sie einem Kunden eine Ecke des Ohrs abgeschnitten haben?"

Schüler: „Da___ ist kein Problem, da___ runde ich ihm einfach kostenlos ab."

b) Lehrer: „Meine Schüler gehorchen mir aufs Wort."

Anderer Lehrer: „Da___ habe ich bis heute noch nicht geschafft. Wie machst du da___ bloß?"

Lehrer: „Ganz einfach! Wenn ich morgens reinkomme, sage ich gleich, da___ sie doch machen sollen, was sie wollen. Und genau da___ machen sie dann."

c) Ein Schüler schläft im Unterricht ein.

Lehrer: „Da___ da___ hier der richtige Platz zum Schlafen ist, glaube ich nicht."

Schüler: „Da___ geht schon. Sie müssen nur leiser sprechen."

1 a) es, diesem, es, außergewöhnlich, große, es, Riesenarbeit, dieser, sammeln, wussten, schließlich, sie, lassen, sollten, Deshalb, ließen, sie, riesige, Milchmassen
b) riesenhaftes, seinem, Fluss, Als, ins, Wasser, sah, sein, sehen, größeres, größeren, Bissen, musste, das, loslassen, Dieses, sofort, reißenden, fortgerissen, musste, schließlich, gefräßige, fressen

2 a) dass – Das – das
b) Das – das – dass – das
c) Dass – das – Das

14

Schreibung der x-Laute: x, ks, cks, chs, gs

Der x-Laut wird am **Wortanfang** mit **x** geschrieben.
Beispiele:
Xylophon, Xanthippe

Im **Wortinnern** gibt es für den x-Laut verschiedene Schreibweisen.
- mit **x:** Axt, boxen, feixen, Hexe, mixen, Nixe, Luxus, Praxis, Taxi
- mit **chs:** Achsel, Büchse, Deichsel, wachsen, Wechsel
- mit **ks:** schlaksig, murksen

Am **Wortende** kommen alle Möglichkeiten der Schreibung vor.
- mit **x:** Box, fix
- mit **chs:** Dachs, Frechdachs
- mit **ks:** Keks, Koks, links
- mit **gs:** flugs (→ fliegen), geradewegs (→ Wege)
- mit **cks:** augenblicks (→ Augenblick), Knicks (→ Knick)

Bei der Flexion und in Ableitungen

Die bei der Flexion (Beugung) der Wörter und in Ableitungen entstehende x-Laut-Verbindung wird je nach dem Stammwort mit **gs, ks** oder **cks** geschrieben.

Beispiele:

du pflegst (→ pflegen), du hinkst (→ hinken), Häcksel (→ hacken), du druckst (→ drucken)

Bei Tierbezeichnungen

Beachte: Tierbezeichnungen werden mit **chs** geschrieben, unabhängig von der Stellung des x-Lautes im Wort.

Beispiele:

Dachs, Fuchs, Lachs, Ochse

Überprüfe hier, ob das Wissen sitzt

1 Setze in die Lücke den richtigen Buchstaben für den x- Laut ein: x, ks, cks, chs. Alle in Frage kommenden Wörter hast du auf der vorigen Doppelseite gelesen.

a) Jeder Pferdewagen hat auch eine Dei___el.

b) Als er am Strand vor sich hin träumte, erschien ihm plötzlich eine Wasserni___e.

c) An der Nordsee kann man am besten den We___el von Ebbe und Flut erleben.

d) Es war für ihn kein Lu___us, sich ein wohlschmeckendes Getränk zu mi___en.

e) Der Fu___ taucht oft als Fabeltier auf.

2 Leite die Schreibweise des x-Lautes (gs, ks) durch ein verwandtes Wort oder durch eine andere Wortform ab; schreibe in die Klammer.

a) Er ging flu___ nach Hause.

(____)

b) Sie lief ihm geradewe___ in die Arme.

(____)

c) Im Morast sin___t du ein.

(____)

d) Wenn du sin______t , höre ich dir gerne zu.

(____)

e) Anfan___ kam er nicht damit zurecht.

(____)

3 Trage jeweils zwei Beispiele für Wörter mit dem x-Laut ein. Finde eigene oder greife auf die der vorigen Seite zurück.

a) am Wortanfang:

___

b) im Wortinneren:

___

c) am Wortende:

___

d) bei der Beugung oder Ableitung:

___

e) Tiernamen:

___

1 a) Deichsel
b) Wassernixe
c) Wechsel
d) Luxus/mixen
e) Fuchs

2 a) flugs (fliegen)
b) geradewegs (Wege)
c) sinkst (sinken)
d) singst (singen)
e) anfangs (Anfänge)

3 Neue Wörter sind:
a) X-Beine, x-mal
b) Faxen, Achse, Haxe, häckseln, Büchse
c) Flachs, Wachs, Keks, Murks, längs, sechs
d) du trinkst, du schickst, du schlägst
e) Eidechse, Luchs

15

Schreibung der f-Laute: f, v, ph, pf

Schreibung mit f

Die meisten f-Laute werden mit f geschrieben.

Beispiele:

Efeu, fallen, fort, Sofa

Schreibung mit v

Für den Laut [f] schreibt man v

- bei dem Präfix **ver-,**
- am Anfang und am Ende einiger weiterer Wörter.

Beispiele:

verlaufen, **ver**raten

Veilchen, Vetter, Vieh, viel, vielleicht, vier, Volk, von, vorn

aktiv, Nerv

Vergleiche auch die Schreibung mit v in Fremdwörtern auf dieser Seite.

Die Wortbausteine *ver-*, *viel-*, *voll-*, *vor-* und alle Ableitungen werden mit v geschrieben.

Beispiele:

verlieren, Verlust, vieldeutig, Vielfraß, vollkommen, vollenden, vollends, vorkommen, Vorgang, vorgehen

Schreibung in Fremdwörtern

v in Fremdwörtern

In Fremdwörtern schreibt man regelmäßig v für den Laut [w].

Beispiele:

Aktivität, Privat, Revolution, Vase

ph in Fremdwörtern

In Fremdwörtern wird der Laut [f] häufig mit ph geschrieben.

Beispiele:

Atmosphäre, Strophe

Bei manchen Fremdwörtern gibt es seit längerem auch eine deutsche Schreibweise, die fremdsprachige Schreibweise bleibt weiterhin gültig.

Beispiele:

deutsche Schreibweise	fremdsprachige Schreibweise
Delfin	Delphin
Fotograf	Photograph
fotografieren	photographieren
Paragraf	Paragraph

■ Schreibung mit pf

Im **Anlaut** ist die Schreibung mit pf nur bei überdeutlicher Aussprache herauszuhören.

Beispiele:

Pferd, Pfad, Pflaume

Im **Inlaut** kann man pf bei deutlichem Sprechen gut heraushören.

Beispiele:

Apfel, rupfen, klopfen

Es gibt bei den f-Lauten wenige allgemein gültige Regeln. Deshalb helfen hier vor allem die **Tipps:**

- Schreibung fest einprägen
- Wenn man unsicher ist: im Wörterbuch nachsehen

Dass es nicht möglich ist, die Schreibung der f-Laute durch deutliches Sprechen und Hinhören zu unterscheiden, zeigen die folgenden Witzsätze:

Vierzehn **f**orsche **F**rösche **v**erdarben
fünf **f**röhlichen **F**luss**f**ischern **v**iel **F**reude,
fraßen **v**om **F**utter der **F**ischer **f**ünfhundert Wasser**f**löhe.
Fast **v**iertausend **F**löhe **f**lohen **f**link
vor den ge**f**räßigen **F**röschen.

Überprüfe hier, ob das Wissen sitzt

1 Die meisten f-Laute werden mit f geschrieben; schreibe zu den folgenden Wörtern mit f zwei verwandte Wörter aus der Wortfamilie auf, die auch mit f geschrieben werden.

a) laufen – ____________________

b) rufen – ____________________

c) fallen – ____________________

d) fort – ____________________

e) Schlaf – ____________________

f) fahren – ____________________

2 Schreibe jeweils zwei Wörter mit der angegebenen Vorsilbe auf. Es können Nomen, Verben oder Adjektive sein.

a) Ver-/ver- – ____________________

b) Viel-/viel- – ____________________

c) Voll-/voll- – ____________________

d) Vor-/vor- – ____________________

3 Das kann man heraushören: einmal **pf**, einmal **f**.

a) sie lie___en

b) der Ha___en

c) wir klo___en

d) der A___el

e) sie hü___en

f) der Tro___en

g) der O___en

h) wir rie___en

TESTEN • TESTEN • TESTEN • TESTEN • TESTEN • TESTEN • TESTEN

4 In etlichen Fremdwörtern aus dem Griechischen wird der f-Laut mit ph geschrieben.
Schreibe für jedes Wort ein verwandtes Wort der Wortfamilie auf.

a) Philosophie – ______________________

b) Atmosphäre – ______________________

c) Strophe – ______________________

d) Katastrophe – ______________________

e) Prophet – ______________________

5 Schreibe zu den folgenden Fremdwörtern ein verwandtes Wort auf; achte auf die gleichbleibende Schreibung mit v.

a) Revanche – ______________________

b) Provinz – ______________________

c) Evangelium – ______________________

d) Konserve – ______________________

e) Niveau – ______________________

1 (Beispiele)
a) laufen – verlaufen, Läufer
b) rufen – berufen, Anruf
c) fallen – Fallobst, ausfallen
d) fort – fortlaufen, fortgehen
e) Schlaf – schlafen, Schläfer
f) fahren – Abfahrt, Fähre

2 (Beispiele)
a) Verständnis, vergeben
b) Vielschreiber, vielfach
c) Vollendung, vollkommen
d) Vorschrift, vorschreiben

3 a) sie liefen
b) der Hafen
c) wir klopfen
d) der Apfel
e) sie hüpfen
f) der Tropfen
g) der Ofen
h) wir riefen

4 (Beispiele)
a) Philosoph
b) atmosphärisch
c) zweistrophig
d) katastrophal
e) prophetisch

5 (Beispiele)
a) revanchieren
b) provinziell
c) evangelisch
d) konservieren
e) niveauvoll

16

Leicht verwechselbare Konsonanten

■ d – t, b – p, g – k

	Anlaut	Inlaut	Auslaut
d	Dorf	Seide	Hund
t	Torf	Seite	bunt
b	bellen	Gebäck	er hob
p	pellen	Gepäck	Teleskop
g	gern	Engel	lang
k	Kern	Enkel	krank

Für die Schreibweise der ähnlich klingenden, leicht verwechselbaren Konsonanten-Paare gibt es folgende **Tipps:**

Im Anlaut kann man den Unterschied zwischen den meist weich gesprochenen Lauten *d, b, g* und den hart ausgesprochenen Lauten *t, p, k* gut heraushören.
Beispiele:
Dorf – Torf, backen – packen, Brause – Pause, Gasse – Kasse, Garten – Karten

- Auch im Inlaut sind die Unterschiede bei deutlichem Sprechen meistens herauszuhören.
- Am Wortende, im Auslaut, kann man jedoch die Unterschiede nicht mehr heraushören: d klingt wie t, b wie p, g wie k (oft auch im Wortinneren: anfangs, Herbst, Krebs, Erbse, schubsen, friedlich).
  Um die richtige Schreibweise herauszufinden, kann man **verlängern,** indem man
  - bei **Nomen** den Plural bildet (Rand – Ränder, Hut – Hüte),
  - bei **Verben** den Infinitiv oder eine andere Form bildet (er lebt – leben)
  - bei **Adjektiven** steigert oder mit einem Nomen beugt (lang – länger, ein langer Tag).

Besondere Fehlerquellen

- **Wortbausteine -ig und -lich**

  Ein Tipp zur Unterscheidung: Verlängere das Wort und du hörst es sofort!

  Beispiele:

  freundli**ch** – ein freundli**ch**er Junge
  gründli**ch** – eine gründli**ch**e Reinigung
  muti**g** – ein muti**g**es Mädchen
  geizi**g** – eine geizi**g**e Frau

- **Wortbausteine ent- und end-**

  Der Wortbaustein *end-* hat etwas mit Ende zu tun.

  Beispiele: endgültig, Endlauf, endlich, Endspurt, unendlich

  Der Wortbaustein *ent-* hat oft die Bedeutung weg (wegnehmen, weggehen).

  Beispiele: entfernen, entfliehen, entmündigen, entreißen

- **seid – seit**

  Seid ist gebildet von dem Hilfsverb *sein:* ihr seid.

  Seit ist eine Präposition: seit letzter Woche.

- **Stadt – statt/Stätte**

  Stadt und entsprechende Wortbildungen werden mit dt geschrieben.

  Beispiele: Großstadt, Städter, Stadthalle, Stadthaus, Stadttor

  Das Wort *Stätte* hat die Bedeutung *Stelle; statt* heißt so viel wie *anstelle* von.

  Beispiele:

  Arbeitsstätte, Gaststätte, Statthalter, stattdessen, stattfinden, statthaft, stattlich

- **Tod – tot**

  Es gibt zwei Schreibungen: Tod ist das Nomen/Substantiv, tot das Adjektiv. Von beiden gibt es zahlreiche Wortbildungen.

  Beispiele:

  Todesangst, Todesnot (und weitere Wörter, bei denen das weiche d deutlich zu hören ist), todbringend (den Tod bringend), todstill (beachte aber: totenstill)

  totfahren, sich totlachen, totschießen, Totschlag, Tötung (und weitere Wörter, bei denen das harte t gut zu hören ist)

Überprüfe hier, ob das Wissen sitzt

1 Setze ein und sprich dabei deutlich: **d** oder **t**, **b** oder **p**, **g** oder **k**?

a) Sie liebt besonders ___ellkartoffeln mit Butter.

Hunde, die laut ___ellen, beißen nicht.

b) Der Großvater liest seinem En___el etwas vor.

„Kein Mensch ist ein En___el", sagt man.

c) Er war lan___e nicht hier.

Sie hat eine kran___e Oma.

d) Unser Nachbar hat zwei Hun___e.

Sie schenkt ihr einen bun___en Frühlingsstrauß.

e) Heute Abend will sie für ihre Reise die Koffer ___acken.

Er möchte noch ein paar Plätzchen ___acken.

2 Leite die Schreibung der unterstrichenen Buchstaben ab, indem du ein verwandtes Wort oder eine andere Wortform aufschreibst.

a) du ringst – ______________________

b) anfangs – ______________________

c) er hupt – ______________________

d) sie lebt – ______________________

e) montags – ______________________

f) der längste Tag – ______________________

g) friedlich – ______________________

h) endgültig – ______________________

i) keineswegs – ______________________

3 Leite aus den folgenden Nomen ein Adjektiv mit -lich oder -ig ab. Zur Schreibung des neuen Adjektivs: Verlängere es oder beuge es mit einem Nomen (in der Klammer).

a) Grund – ____________________ (____________________)

b) Vernunft – ____________________ (____________________)

c) Entsetzen – ____________________ (____________________)

d) Kraft – ____________________ (____________________)

4 Entscheide: Vorsilbe ent- oder Wortbaustein -end- (von Ende)?

a) sich en___fernen

b) En___spiel

c) En___schluss

d) En___silbe

e) en___laufen

f) En___station

g) Unen___lichkeit

h) en___gegen

1 a) Pellkartoffeln, bellen
b) Enkel, Engel
c) lange, kranke
d) Hunde, bunten
e) packen, backen

2 a) du ringst – ringen
b) anfangs – anfangen
c) er hupt – hupen
d) sie lebt – leben
e) montags – Montage
f) der längste Tag – lange/Tage
g) friedlich – Frieden
h) endgültig – Ende
i) keineswegs – Wege

3 a) gründlich (eine gründliche Reinigung)
b) vernünftig (vernünftiger)
c) entsetzlich (eine entsetzliche Begebenheit)
d) kräftig (ein kräftiges Gewitter)

4 a) sich entfernen
b) Endspiel
c) Entschluss
d) Endsilbe
e) entlaufen
f) Endstation
g) Unendlichkeit
h) entgegen

Großschreibung am Anfang bestimmter Texteinheiten und von Nomen

a) Großgeschrieben wird das erste Wort einer Überschrift, eines Titels, einer Anschrift und einer Grußformel.
   Beispiele:
   Kleines Wörterbuch für die Schule
   Der Zauberlehrling (von Johann Wolfgang von Goethe)
   Herrn Johannes Klein
   Sehr geehrte Frau Albers

b) Großgeschrieben wird das erste Wort eines Satzes.
   Beispiele:
   Heute waren wir auf der Kirmes.
   Beachtet bitte: **M**orgen beginnen wir mit der Lektüre!

■ Großschreibung von Nomen (Substantiven)

Nomen schreibt man groß.
Man kann sie oft daran erkennen, dass sie einen **Begleiter** bei sich haben oder bei sich haben können. Dies kann ein Artikel sein (**der** Hund, **eine** Katze), es kann auch ein anderer Begleiter sein, zum Beispiel

- ein Pronomen (**mein** Vater),
- ein Adjektiv (ein **kleiner** Junge),
- ein Numerale (**zwei** Mädchen).

Der Artikel kann manchmal auch versteckt sein.
Beispiele:
im Haus – in dem Haus, zum Bäcker – zu dem Bäcker

Nomen kann man mithilfe der **Artikelprobe** herausfinden: Vor ein Nomen kann man einen bestimmten Artikel (der, die, das) oder einen unbestimmten Artikel (ein, eine, ein) setzen. Oft taucht der Artikel selbst im Satz auf.
Beispiele:
der Bleistift, **die** Hand, **der** bissige Hund, **ein** kleines Kind, **ein** freundlicher Mensch
der Abend, **der** Traum, **das** Verständnis
Eines Morgens traf sie auf **dem** Pausenhof **einen** alten Bekannten.

Manche Nomen kann man bereits an ihren **Suffixen (Endungen)** erkennen. So sind Wörter mit den Suffixen -heit, -keit, -nis, -schaft, -tum, -ung immer Nomen.

Beispiele:

Rauheit, Heiterkeit, Ergebnis, Bürgerschaft, Heiligtum, Belohnung

Die Grundregel „Nomen schreibt man groß" gilt auch

- für die Zusammensetzungen mit Bindestrich, die als Nomen (Substantiv) gemeint sind:
  der Trimm-dich-Pfad, die A-Gruppe
- für Wörter aus anderen Sprachen:
  das Center, der Drink, das Make-up
- für Nomen, die in festen Gefügen auftreten:
  mit Bezug auf, in Bezug auf, von Seiten, außer Acht lassen, Angst haben, auf etwas Wert legen, im Grunde, in Hinsicht auf, jemandem Angst und Bange machen, Rad fahren, Auto fahren, Schuld geben, eines Abends, des Nachts, letzten Endes
- für Zahlsubstantive:
  eine Million, ein Dutzend
- für Bezeichnungen von Tageszeiten nach den Adverbien *heute, gestern, vorgestern, morgen, übermorgen*

  Beispiele:

  Wir sehen uns heute Morgen.
  Wir waren gestern Abend im Kino.
  Schon morgen Nachmittag sehen wir uns wieder.

Beachte: Nicht großgeschrieben wird, wenn am Anfang einer Zusammensetzung Einzelbuchstaben oder Abkürzungen stehen, die man auch sonst kleinschreibt.

Beispiele:

s-Laut, i-Punkt, km-Angabe

Überprüfe hier, ob das Wissen sitzt

1 Unterstreiche in dem Text alle Nomen; kennzeichne den Begleiter (Artikel, Präposition, Pronomen, Adjektiv, Numerale) farbig oder durch Einkreisen.

königspinguine auf den falklandinseln

die oft aufwändige nahrungssuche der königspinguine dient vor allem dem ziel der aufzucht des nachwuchses. die elternpaare brüten abwechselnd ihr einziges ei aus. es liegt auf ihren füßen und wird von der wärmenden bauchfalte bedeckt. ist das küken geschlüpft, wird es bis zum alter von drei monaten alle paar tage von seinen eltern mit hochgewürgtem fischbrei gefüttert. der folgende winter ist für die jungen königspinguine eine harte zeit. die von ihren eltern alleingelassenen küken in ihren braunen daunen rücken eng zusammen, um sich gegenseitig zu wärmen. nicht alle werden von den heimkehrenden eltern während des fünf monate dauernden winters gefüttert. mit etwa einem jahr bekommen die küken ihren wasserdichten frack. bis dahin müssen sie an land ausharren.

2 Bilde aus den folgenden Wörtern ein Nomen mit der Endung **-heit, -keit, -ung, -nis, -schaft** oder **-tum**.

a) freundlich – ______
b) der Held – ______
c) belohnen – ______
d) hoffen – ______
e) Freund – ______
f) heiter – ______

g) dumm – ____________________

h) verstehen – ____________________

i) Mitglied – ____________________

3 Unterstreiche alle Buchstaben, die großgeschrieben werden müssen.

a) IN BEZUG AUF
b) VON SEITEN
c) IM GRUNDE
d) IM HINBLICK AUF
e) RAD FAHREN
f) HEUTE NACHMITTAG
g) EINES MORGENS
h) LETZTEN ENDES
i) EINE HALBE MILLION
j) GESTERN VORMITTAG
k) MORGEN ABEND

1 Königspinguine; den Falklandinseln; Die ... aufwändige Nahrungssuche; der Königspinguine; dem Ziel; der Aufzucht; des Nachwuchses, Die Elternpaare; ihr einziges Ei; ihren Füßen; der wärmenden Bauchfalte; das Küken; zum (zu dem) Alter; drei Monaten; paar Tage; seinen Eltern; hochgewürgtem Fischbrei; Der folgende Winter; Die jungen Königspinguine; eine harte Zeit; Die von ihren Eltern; alleingelassenen Küken; ihren braunen Daunen; den heimkehrenden Eltern; des fünf Monate dauernden Winters; einem Jahr; die Küken; ihren wasserdichten Frack; an Land

2 a) Freundlichkeit
b) Heldentum
c) Belohnung
d) Hoffnung
e) Freundschaft
f) Heiterkeit
g) Dummheit
h) Verständlichkeit
i) Mitgliedschaft

3 a) in Bezug auf
b) von Seiten
c) im Grunde
d) im Hinblick auf
e) Rad fahren
f) heute Nachmittag
g) eines Morgens
h) letzten Endes
i) eine halbe Million
j) gestern Vormittag
k) morgen Abend

18

Nominalisierung (Substantivierung) anderer Wortarten, zum Beispiel von Verben

Auch die anderen Wortarten können im Satz die Aufgabe von Nomen übernehmen und werden dann großgeschrieben. Man spricht in diesen Fällen von Nominalisierung (Substantivierung).
Auch hier gilt der **Begleiter,** wie bei Nomen, als wichtigstes Kriterium für die Großschreibung.
So kann man in den folgenden Sätzen die Großschreibung bestimmter Wortarten an ihrem Begleiter erkennen:

Ich wünsche dir **alles G**ute.
Es herrschte **ein K**ommen und **G**ehen.
Jeder Einzelne ist letztlich für sich selbst verantwortlich.

Beachte: Adjektive, Partizipien und Pronomen, die sich auf ein vorhergehendes oder nachstehendes Nomen beziehen, werden kleingeschrieben.
Beispiel:

Alte **Regeln** sind manchmal leichter als **n**eue.

In diesem Falle liegt keine Nominalisierung (Substantivierung) vor.

Die Zahladjektive *viel, eine, andere, meiste* werden im Regelfall kleingeschrieben.
Beispiele:

Während **die einen** noch mit ihrer Entscheidung zögern, wissen **die anderen** längst, was sie haben wollen.
Das andere, was ich dir noch sagen wollte, war nicht so wichtig.
Beide stimmten **in vielem** überein.

Bei den Fügungen *etwas anderes* sowie *der eine und der andere* ist bei Substantivierung auch Großschreibung möglich.

Großschreibung von Verben

In den folgenden Fällen werden Infinitive von Verben zu Nomen (Substantiven) und großgeschrieben.

Vor dem Verb steht ein Artikel; dann wird es als Nomen gebraucht und großgeschrieben.
Beispiel:
Das Lesen strengt ihn an.

Das Verb steht zwar allein, aber man könnte einen Artikel davorsetzen.
Beispiel:
Hier ist **Meckern** erwünscht.
Hier ist **das Meckern** erwünscht.

Wie bei einem Nomen kann anstelle eines Artikels vor dem Verb ein Pronomen (Fürwort) stehen *(dieses, mein, jenes, welches).*
Beispiele:
Sein Schnarchen weckte sie auf.
Jenes ferne **Grollen** kündigte ein Gewitter an.

Nach den Präpositionen *am, beim, vom, zum, im* (sowie *ans, aufs, ums, ins*) werden Verben großgeschrieben. In diesen Wörtern ist ein Artikel enthalten (am = an dem).
Beispiel:
Er geht **zum Schwimmen.**
Er geht **zu dem Schwimmen.**

Auch nach anderen Präpositionen können Verben großgeschrieben werden *(für, durch, ohne, gegen).*
Beispiel:
Durch Laufen kann man sich fit halten.
(Vergleiche auch oben: Durch das Laufen ...)

Wie bei einem Nomen kann vor einem Verb ein flektiertes Adjektiv stehen.
Beispiele:
Im Hausflur ist **lautes Rufen** störend.
Auch **leises Flüstern** kann die anderen in ihrer Konzentration stören.

TESTEN • TESTEN • TESTEN • TESTEN • TESTEN • TESTEN • TESTEN • TESTEN

Überprüfe hier, ob das Wissen sitzt

1 Hast du sorgfältig gelesen? Dann kreuze die richtigen Aussagen an.

a) Auch andere Wortarten als das Nomen können im Satz zu Nomen werden; man spricht dann von Nominalisierung. ☒

b) Großgeschrieben werden nur Eigennamen. ☐

c) Die Zahladjektive *viel, eine, andere, meiste* werden in der Regel kleingeschrieben. ☒

d) Bei der Großschreibung sollte man immer auch auf den Begleiter achten. ☒

e) Bei der Großschreibung spielen Begleiter wie *Artikel, Adjektiv, Pronomen* keine Rolle. ☐

f) Bei bestimmten Fügungen sind bei Substantivierung zwei Schreibweisen möglich, z. B.: etwas Anderes/etwas anderes; der Andere/der andere. ☒

2 Unterstreiche in den folgenden Sätzen das großzuschreibende Verb. Achte vor allem auf den Begleiter.

a) DAS LERNEN IST OFT HARTE ARBEIT.

b) AUF DEM PAUSENHOF WAR EIN RENNEN UND TOBEN.

c) IM UNTERRICHT IST MITARBEITEN SEHR ERWÜNSCHT.

d) UNSER KOMMEN ÜBERRASCHTE ALLE.

e) DIESES DAUERNDE STÖREN MÜSSEN WIR UNS VERBITTEN.

f) HEUTE NACHMITTAG FÄHRT HANNA ZUM REITEN.

g) HÄUFIGES ÜBEN DER VOKABELN PRÄGT DIESE IM LANGZEITGEDÄCHTNIS EIN.

h) DURCH JOGGEN KANN MAN ETWAS FÜR SEINE GESUNDHEIT TUN.

i) ALS FELIX SEINEN FREUND JAKOB ABHOLEN WOLLTE, WAR DIESER GERADE AM BASTELN.

j) FÜR VIELE IST SELBSTVERSTÄNDLICH, DASS LESEN BILDET.

k) ER BENÖTIGT ZUM ARBEITEN IMMER EINE EINLADUNG.

l) HIER IST WIDERSPRECHEN ERLAUBT.

1 Richtig sind: a, c, d, f.

2 a) Das Lernen
b) ein Rennen und Toben
c) Mitarbeiten
d) Unser Kommen
e) Dieses dauernde Stören
f) zum Reiten
g) Häufiges Üben
h) Durch Joggen
i) am Basteln
j) Lesen
k) Arbeiten
l) Widersprechen

19

Großschreibung von Adjektiven und Partizipien

Adjektive und Partizipien (zum Beispiel *findend, nachstehend, bekannte*) können wie Nomen gebraucht werden. Sie werden dann großgeschrieben. Adjektive und Partizipien werden in folgenden Fällen großgeschrieben:

Der Artikel bezieht sich auf das Adjektiv oder Partizip.
Beispiele:

Das Gute überzeugt mit der Zeit.
Das dort zu **Findende** ist von großer Qualität.
Das bereits **Bekannte** sollte man nicht übersehen.
Das Nachstehende muss auch gelesen werden.

Der Artikel ist in einem anderen Wort versteckt.
Beispiele:

Er erkannte sie **am** (an dem) **Blau** ihres Kleides.
Er war **aufs** (auf das) **Schlimmste** gefasst.

Adjektive und Partizipien stehen in Verbindung mit den folgenden Wörtern: *viel, wenig, alles, nichts, allerlei, manches*
Beispiel:

Er erfuhr **nichts Neues.**

Der Artikel fehlt. Es könnte aber ein Artikel stehen oder er könnte durch Wörter wie *wenig, nichts* (siehe die vorhergehende Möglichkeit) ersetzt werden.
Beispiele:

Er fuhr **bei** (dem) **Rot** über die Ampel.
Er erfuhr (etwas) **Gutes** und **Böses.**

Beachte: Adjektive, Zahladjektive und Partizipien, die sich auf ein vorhergehendes oder nachstehendes Nomen beziehen, werden kleingeschrieben.
Beispiele:

Er liest viele Bücher, die **s**pannendsten zuerst.
Acht Teilnehmer waren erschienen. Auf den **n**eunten wartete ich vergebens.
Sie ist die **b**ekannteste von allen Sportlerinnen.

Kleingeschrieben werden im Regelfall die Zahladjektive *die einen, die anderen, die wenigen, die vielen, die meisten.*

Der **Superlativ** bei der Steigerung von Adjektiven wird in der Regel kleingeschrieben, wenn nach ihm mit „wie?“ gefragt werden kann.

Beispiel:

Heute war es **am schönsten. Wie** war es? Antwort: am schönsten.

Superlative werden jedoch großgeschrieben, wenn mit „auf was?“ oder „an was?“ gefragt werden kann.

Beispiele:

Sie sind **aufs** (auf das) **B**este angewiesen. (auf was?)
Es fehlt ihnen **am** (an dem) **N**otwendigsten. (an was?)

Großgeschrieben werden auch Adjektive und Partizipien in festen Wendungen.

Beispiele:

Sie lässt sich **nicht das Geringste** anmerken.
Im Großen und Ganzen hat es ihm gefallen.

Außerdem:

im Trüben fischen
auf dem Laufenden sein
das Weite suchen
etwas zum Besten geben
aus dem Vollen schöpfen
ins Reine bringen
im Allgemeinen

Überprüfe hier, ob das Wissen sitzt

1 Hast du genau gelesen? – Dann kannst du entscheiden, ob klein- oder großgeschrieben wird. Streiche die falschen Buchstaben durch.

a) Die A/alten Regeln sind manchmal bekannter als die N/neuen.

b) Sie ist die B/berühmteste von allen Schauspielerinnen.

c) Vierzehn Zuhörer waren da, auf den F/fünfzehnten wartete man vergebens.

d) Ich wünsche dir alles S/schöne!

e) Er hatte nichts I/interessantes aus dem Urlaub zu berichten.

f) Er sieht sich im Kino oft Filme an, am liebsten die S/spannendsten.

g) Das K/kleingedruckte muss auch gelesen werden.

h) All seine B/bekannten waren zu der Feier eingeladen.

2 Untersteiche in jedem Satz das großzuschreibende Adjektiv oder Partizip.

a) DIE SCHÖNSTE IN DER KLASSE IST SEINE FREUNDIN MALENA.

b) ER SCHRIEB ALLES WISSENSWERTE FÜR SIE AUF.

c) SIE FAND, DASS DIESE REISE DAS BEEINDRUCKENDSTE WAR, WAS SIE JE ERLEBT HATTE.

d) MAN SOLLTE BEI DEN NACHRICHTEN AUS ALLER WELT IMMER AUF DEM LAUFENDEN SEIN.

e) DAS LIESS NICHTS GUTES ERWARTEN!

f) HEUTE WAR ER NOCH NICHT UNTER DEN SCHNELLSTEN.

g) DIE WETTERVORHERSAGE VERHEISST FÜR DIESES WOCHENENDE VIEL ERFREULICHES.

h) SIE ERLEBTE LANGWEILIGES UND SPANNENDES.

i) DAS UNWICHTIGSTE WIRD MANCHMAL ZUM WICHTIGEN.

j) DEN MENSCHEN IM ERDBEBENGEBIET FEHLT ES AM NOTWENDIGSTEN.

k) ES IST BEI VERTRÄGEN SINNVOLL, AUCH KLEINGEDRUCKTES ZU LESEN.

1 a) Die alten Regeln, die neuen
b) die berühmteste (Schauspielerin)
c) auf den fünfzehnten (Zuhörer)
d) alles Schöne
e) nichts Interessantes
f) die spannendsten (Filme)
g) Das Kleingedruckte
h) All seine Bekannten

2 a) Die Schönste
b) alles Wissenswerte
c) das Beeindruckendste
d) auf dem Laufenden
e) nichts Gutes
f) unter den Schnellsten
g) viel Erfreuliches
h) Langweiliges und Spannendes
i) das Unwichtigste, zum Wichtigen
j) am Notwendigsten
k) Kleingedrucktes

20

Großschreibung von Pronomen

Auch Pronomen können, wie alle anderen Wortarten, im Satz zum Nomen werden und sind dann großzuschreiben.

Beispiele:

Sie bot ihm das **Du** an.

Er hatte das gewisse **Etwas.**

Beachte: Hier kannst du auf **zweierlei** Weise schreiben, je nachdem, ob du den Ausdruck als Nomen oder als Pronomen auffasst.

Beispiele:

Grüß mir die Deinen/die deinen.

Jedem das Seine/das seine.

Ich trage das Meine/das meine zum Gelingen bei.

In bestimmten Fällen werden Pronomen, auch wenn sie im Satz Stellvertreter von Nomen sind, kleingeschrieben.

Beispiele:

Hier hat sich schon (ein) mancher verirrt.

Das muss (ein) jeder selbst wissen.

Man sollte mit (den) beiden mal reden.

Großschreibung von Anredepronomen

Die Höflichkeitsform des Anredepronomens bzw. Possessivpronomens wird großgeschrieben (Sie, Ihre, Ihnen).

Beispiel:

Ich möchte **Ihnen** mitteilen, dass meine Tochter Maria gestern krank war und nicht zur Schule kommen konnte. Ich bitte **Sie,** ihr Fehlen zu entschuldigen.

Anredepronomen in Briefen

Die Anredepronomen *du, ihr, dein, euer* werden normalerweise kleingeschrieben; in Briefen kann jedoch die Schreiberin/der Schreiber entscheiden, ob er groß- oder kleinschreibt.

Beispiel:

Lieber Micha, herzliche Grüße sende ich **dir/Dir** aus meinem Urlaubsort. Über **deinen/Deinen** Brief habe ich mich sehr gefreut.

Überprüfe hier, ob das Wissen sitzt

1 Hast du sorgfältig gelesen? Dann kannst du die richtigen Aussagen ankreuzen.

a) Pronomen, die als Nomen/Substantiv gebraucht werden, schreibt man groß.

b) Pronomen werden immer kleingeschrieben.

c) Alle Anredepronomen müssen groß geschrieben werden.

d) Die höfliche Form des Anredepronomens schreibt man immer groß.

e) Die Großschreibung eines Pronomens kann man oft an dem vorangehenden Artikel erkennen.

f) In Briefen kann man die vertraulichen Anredepronomen und Possessivpronomen klein- oder großschreiben.

2 Trage die jeweils richtigen Buchstaben ein.

a) S/s

Er übersah S ie einfach.

Er legte besondere Wert auf das S ie.

b) m/M

Gestern war ihm M anches noch unklar geblieben.

Das kann für m anchen richtig sein.

c) b/B

Waren das wirklich wieder die B eiden aus der Tanzschule?

Sie hielt b eides für möglich.

d) d/D

Liebe Suse,

ich habe D ir lange nicht geschrieben, aber D ich nicht vergessen!

e) s/S; i/I

Wenn ___ie mit unseren Terminen Schwierigkeiten haben, geben ___ie doch bitte bald Bescheid. Wir werden ___hnen dann ein neues Angebot machen.

f) i/I

Obwohl alle Schauspieler das ___hrige gegeben haben, konnte die Aufführung nicht überzeugen.

1 Richtig sind: a, d, e, f.

2 a) sie, Sie
b) manches, manchen
c) die beiden, beides
d) dir/dich, Dir/Dich (beides möglich)
e) Sie, Sie, Ihnen
f) das Ihrige

Großschreibung von Adverbien, Präpositionen, Konjunktionen und Zahlwörtern

Großschreibung von Adverbien

Auch Adverbien können im Satz zu Nomen werden.

Beispiele:

Im **Nachhinein** verstehe ich alles.
Man sollte öfter an das **Hier** und **Heute** denken.
Das **Gestern** und **Vorgestern** hat sie schnell vergessen.

Großschreibung von Präpositionen

Werden Präpositionen im Satz zu Nomen, müssen sie großgeschrieben werden.

Beispiel:

Man argumentiert, indem man das **Für** und **Wider** abwägt.

Großschreibung von Konjunktionen

Auch Konjunktionen können im Satz zu Nomen werden.

Beispiel:

Sie kann dieses ewige **Wenn** und **Aber** nicht hören.

Großschreibung von bestimmten und unbestimmten Zahlwörtern

Beispiele:

Sie schrieb in Mathe eine **Fünf.**
Am **Ersten** eines jeden Monats ist das Taschengeld fällig.
Er kommt als **Dritter** an die Reihe.
Die **Nächste** bitte!
Alles **Übrige** können wir morgen besprechen.
Das **Ganze** hat mich sehr gelangweilt.

Beachte: Die **folgenden Zahladjektive** in allen ihren Formen werden im Regelfall **kleingeschrieben:**

(die) vielen
(die) wenigen
(der, die, das) eine
(der, die, das) andere
(die) meisten

Ordnungszahlen wie *der Erste, Zweite* ... gehören zu den Adjektiven. Nach der Grundregel für Nominalisierungen werden sie großgeschrieben.
Beispiele:

Pia ging als Erste, Tom als Dritter, Jakob als Letzter durchs Ziel.
Jeder Sechste lehnt das Vorhaben ab.
Jetzt kommt der Nächste dran.

Bei **bestimmten Zahlwörtern** ist sowohl die Groß- als auch die Kleinschreibung erlaubt.

einige Dutzend Brötchen
mehrere Hundert Menschen
viele Tausend Hektoliter
einige dutzend Brötchen
mehrere hundert Menschen
viele tausend Hektoliter

Überprüfe hier, ob das Wissen sitzt

1 Setze den richtigen Buchstaben ein.

a) Z/z

Plötzlich sah er ___wei Gestalten auf sich zukommen.

Er hatte endlich mal wieder eine ___wei geschrieben.

b) D/d

Bei dem ___ritten Versuch klappte es endlich.

Wenn zwei sich streiten, freut sich der ___ritte.

c) A/a

Ein___ber gab es für ihn grundsätzlich nicht.

Er wollte nach Hause, ___ber sie wollte noch dableiben.

d) W/w

Oft ist allein das ___ie entscheidend.

Er wusste wirklich nicht, ___ie er das machen sollte.

e) ü/Ü

Wir wollen im ___brigen die Sache vergessen.

Alles ___brige besprechen wir morgen.

f) n/N; l/L

Als der ___ächste ins Sprechzimmer ging, war ich als ___etzter übrig geblieben.

g) t/T

Viele ___ausend Zuschauer drängten sich ins Stadion.

h) h/H; h/H; w/W

Es war ein dauerndes ___in und___er.

Sie geht ___in und___ieder ins Kino.

i) a/A; a/A

Nach einer Stunde hatte sie sich an das ___uf und ___b gewöhnt.

Er lief ständig ___uf und ___b.

1 a) zwei, Zwei
b) dritten, der Dritte
c) ein Aber, aber
d) das Wie, wie
e) im Übrigen, alles Übrige
f) der Nächste, als Letzter
g) viele tausend/Tausend (beides möglich)
h) ein Hin und Her, hin und wieder
i) das Auf und Ab, auf und ab

22

Großschreibung von Eigennamen

a) Eigennamen werden großgeschrieben.
   Beispiele:
   Peter, Berlin, Nordstraße

b) Bei mehrteiligen Eigennamen und festen Verbindungen aus Adjektiv und Nomen (Substantiv) als begriffliche Einheit schreibt man das erste Wort und alle weiteren Wörter groß, sofern es keine Artikel, Konjunktionen oder Präpositionen sind.
   Beispiele:
   Katharina die Große (russische Zarin)
   der Alte Fritz (preußischer König)
   Johann Wolfgang von Goethe (Dichter der deutschen Klassik)
   Elisabeth die Zweite (britische Königin)
   die Vereinigten Staaten von Amerika (USA)
   Kahler Asten (höchste Erhebung im Sauerland)
   die Holsteinische Schweiz
   Stiller Ozean (Pazifik)
   die Große Mauer (China)
   der Westfälische Frieden (am Ende des Dreißigjährigen Krieges)
   der Zweite Weltkrieg
   die Erste Hilfe (medizinisch)
   der Regierende Bürgermeister
   die Gelbe Karte (im Fußball)
   der Rote Milan (Raubvogel)
   das Fleißige Lieschen (Gartenblume)
   der Heilige Abend
   der Weiße Sonntag (Sonntag nach Ostern)

c) Ableitungen von geographischen Eigennamen auf -er werden großgeschrieben.
   Beispiele:
   Stuttgarter Nachrichten
   Frankfurter Würstchen
   Berliner Bevölkerung
   Schweizer Käse

Beachte: Manche Wortgruppen sind zu festen Verbindungen aus Adjektiv und Substantiv geworden, jedoch keine Eigennamen und werden deshalb kleingeschrieben. Bei Verbindungen mit einer neuen übertragenen Gesamtbedeutung ist neben der Kleinschreibung auch die Großschreibung zulässig.

Beispiele:

Die Schülerin heftet ihre Anzeige ans **s/S**chwarze Brett.
Der Tropenwald ist die **g/G**rüne Lunge der Erde. (Sauerstoffspender)
Die **s/S**chwarze Kunst (Buchdruck) hat die Welt verändert.
Sie erhält kurz vor den Zeugnissen einen **b/B**lauen Brief.
(Benachrichtigung über die Gefährdung der Versetzung)

d) Ableitungen von Eigennamen mit Apostroph werden großgeschrieben.

Beispiele:

die Schiller'schen Balladen
die Goethe'schen Romane
die Darwin'sche Theorie

Beachte: Die Ableitung von Eigennamen, bei denen kein Apostroph verwendet wird, schreibt man klein.

Beispiele:

die schillerschen Balladen
die goetheschen Romane
die homerischen Epen
die darwinsche Theorie
das kopernikanische Weltsystem
der indische Tee
der englische Stoff

Überprüfe hier, ob das Wissen sitzt

1 Hast du sorgfältig gelesen? Finde die beiden Aussagen heraus, die nicht richtig sind, und streiche sie durch.

a) Eigennamen werden großgeschrieben.

b) Bei mehrteiligen Eigennamen schreibt man alle Wörter, auch die Artikel, groß.

c) Manche Wortgruppen, die zu festen Verbindungen geworden sind, kann man klein oder groß schreiben.

d) Ableitungen von geographischen Eigennamen auf -er schreibt man groß.

e) Ableitungen von Eigennamen mit Apostroph schreibt man groß.

f) Ableitungen von Eigennamen, bei denen kein Apostroph verwendet wird, schreibt man ebenfalls groß.

2 Schreibe die folgenden Eigennamen richtig auf.

a) peter der große

Peter der Große

b) pazifischer ozean

~~Paz~~ Pazifischer Ozean

c) die ewige stadt

die Ewige Stadt

d) der weiße sonntag

der Weiße Sonntag

e) das ulmer münster

das Ulmer ~~M~~ Münster

f) die wiener kaffeehäuser

die Wiener Kaffeehäuser ✓

g) stuttgarter nachrichten

Stuttgarter Nachrichten ✓

h) die kieler woche

die Kieler Woche ✓

i) das kap der guten hoffnung

das Kap der Guten Hoffnung ✓

j) institut für deutsche sprache

Institut für deutsche Sprache f

1 Falsch sind b und f.

2 a) Peter der Große
b) Pazifischer Ozean
c) die Ewige Stadt
d) der Weiße Sonntag
e) das Ulmer Münster
f) die Wiener Kaffeehäuser
g) Stuttgarter Nachrichten
h) die Kieler Woche
i) das Kap der Guten Hoffnung
j) Institut für Deutsche Sprache

Kleinschreibung I

Kleingeschrieben werden normalerweise alle Wortarten außer dem Nomen, nämlich: Verb, Adjektiv, Artikel, Pronomen, Adverb, Präposition, Konjunktion, Numerale, Interjektion. Sie werden nur dann großgeschrieben, wenn sie im Satz als Nomen gebraucht werden.

Außerdem werden kleingeschrieben

a) Wörter im Satz (zum Beispiel Adjektive, Partizipien), die sich auf ein Nomen beziehen.

Beispiel:

Diese Nachricht ist die **aktuellste** (Nachricht).
Aber: Sie erfahren das Aktuellste vom Tage.

Im zweiten Satz ist das Adjektiv zum Nomen geworden und wird großgeschrieben. Im ersten Satz bezieht sich das Adjektiv *aktuellste* auf *Nachricht*, das Nomen kann also in Gedanken ergänzt werden, daher wird das Adjektiv hier kleingeschrieben.

Weitere Beispiele:

Für ihn war sie die **schönste** (...) aller seiner Mitschülerinnen.
Spannende Bücher liest man lieber als **langweilige** (...).
Drei Teilnehmer waren bereits da, auf den **vierten** (...) wartete man vergebens.

b) Die folgenden Zahladjektive schreibt man in der Regel in allen ihren Formen klein:

viel
wenig
(der/die/das) **eine**
(der/die/das) **andere**
die **meisten**

Beispiele:

Das haben schon **viele** behauptet.
Der **eine** sagt dies, der **andere** sagt das.
Sie wollten das **wenige** für sich behalten.

c) Pronomen wie die folgenden werden immer kleingeschrieben:

mancher/manche/manches
jener/jene/jenes

einer/eine/eines
jeder/jede/jedes
alle/alles/allen
beide/beides/beiden

Beispiele:

Wir haben das **allen** mitgeteilt.
Sie stimmte **beiden** zu.
Das muss ein **jeder** selbst wissen.

d) Kardinalzahlen unter einer Million werden kleingeschrieben.

Beispiele:

Diese **zwei** kenne ich doch.
Sie ist schon über **zwanzig.**

e) Feste Verbindungen aus Präposition und nicht dekliniertem Adjektiv werden kleingeschrieben.

Beispiele:

von fern, schwarz auf weiß, ohne weiteres, über kurz oder lang, durch dick und dünn, von neuem, seit längerem, gegen bar

Beispiel im Satzzusammenhang:

Das kann ich dir **schwarz auf weiß** geben.

Beachte: Dies ist ein Fest für **Jung** und **Alt.**
In diesem Beispiel wird die Verbindung großgeschrieben, weil man sagen kann: für Junge und Alte; die Adjektive können also dekliniert werden.

f) Klein schreibt man Superlativ-Fügungen, nach denen mit „wie?" gefragt werden kann.

Beispiel:

Wenn es **am schönsten** ist, soll man aufhören. (Frage: wenn es **wie** ist? Antwort: am schönsten)

Entsprechend kann man hier groß- und kleinschreiben:

Er hat sie **aufs** (auf das) **herzlichste** begrüßt. (Frage: **Wie** hat er sie begrüßt?)

Alternative: Er hat sie **aufs** (auf das) **Herzlichste** begrüßt. (Herzlichste: Nomen)
Beachte aber: Es fehlt ihm am **N**otwendigsten. (Frage: **woran?** Antwort: am Notwendigsten)

Überprüfe hier, ob das Wissen sitzt

1 Entscheide: klein- oder großgeschrieben? Streiche jeweils den falschen Buchstaben durch.

a) Bei G/gutem Wetter findet die Fahrradtour statt, bei S/schlechtem fällt sie aus.

Sie war oft sehr pessimistisch, denn sie sah immer nur das S/schlechte voraus.

b) Jonas erreichte den ersten Platz, Moritz den Z/zweiten.

Er hatte schon das Z/zweite Mal hintereinander eine Eins in Mathe.

c) Sieben Teilnehmer waren schon erschienen, auf den A/achten wartete man vergebens.

Es fehlte noch der A/achte.

d) Er ist der B/bekannteste von allen Sportlern.

Sie ist das B/bekannteste Model.

e) Sie mag saure Äpfel lieber als S/süße.

Er isst besonders gerne S/süße Pfirsichmarmelade.

Susis Pferd mag gern S/süßes.

2 Streiche den falsch geschriebenen Buchstaben.

a) Er hat diesmal voll ins S/schwarze getroffen.

Sie möchte sich nicht auf mündliche Zusagen verlassen, sie hätte es lieber S/schwarz auf W/weiß.

b) Die beiden ungleichen Freunde gehen zusammen durch D/dick und D/dünn. Man nannte die beiden wegen ihres Aussehens nur „der kleine D/dicke“ und „der lange D/dünne“.

TESTEN • TESTEN • TESTEN • TESTEN • TESTEN • TESTEN • TESTEN

c) Der N/neue kam in der Klasse gut zurecht.

Sie fing immer von N/neuem mit ihren Sticheleien an.

d) Er hatte sie seit L/längerem nicht mehr gesehen.

Max war eindeutig der L/längere.

3 Hier hast du jedes Mal zwei Schreibweisen zur Auswahl. Schreibe die jeweils andere Möglichkeit auf.

a) Sie hatte den Tisch *aufs schönste* gedeckt.

Sie hatte den Tisch aufs das Schönste gedeckt

b) Er erschrak *aufs äußerste.* das

Er erschrak aufs Äußerste

c) Sie amüsierten sich *aufs köstlichste.*

Sie amüsierten sich aufs das das Köstlichste

1 a) gutem, bei schlechtem (Wetter), das Schlechte
b) den zweiten, das zweite Mal
c) den achten (Teilnehmer), der Achte
d) der Bekannteste, das bekannteste Model
e) süße (Äpfel), süße, Süßes

2 a) ins Schwarze, schwarz auf weiß
b) durch dick und dünn, der kleine Dicke, der lange Dünne
c) der Neue, von neuem
d) seit längerem, der Längere

3 a) aufs Schönste
b) aufs Äußerste
c) aufs Köstlichste

Kleinschreibung II

Desubstantivierung

Klein schreibt man Wörter, die ihre Aufgabe als Nomen (Substantiv) verloren haben und die Aufgabe einer anderen Wortgruppe übernehmen. Solche Desubstantivierungen sind folgende Wörter in Verbindung mit den Verben ***sein, werden, bleiben:*** **angst, bange, gram, leid, pleite, schuld, klasse, spitze.**

Beispiele:

Mir wird **angst** und **bange.**
Ich bin **schuld.**
Das Theaterstück ist **klasse.**

Beachte aber:

Das macht mir **A**ngst.
Er trägt die **S**chuld daran.

Adverbien, Konjunktionen und Präpositionen auf -s und -ens:
abseits, anfangs, falls, mittags, mittwochs, morgens, seitens, teils ... teils

Beispiele:

Sie empfindet **teils** Freude, **teils** Ablehnung.
Er hat **mittwochs** immer Basketball.
Am liebsten fahren wir **abseits** der großen Durchgangsstraßen.

Tageszeiten:
Beachte die Schreibweise von Tageszeiten – einmal klein, einmal groß.

als **Adverb**	als **Nomen (Substantiv)**
heute	das **H**eute
morgen	gestern **M**orgen
abends	am **A**bend
sonntags	jeden **S**onntagabend

Bestimmte Präpositionen:
anstatt, dank, inmitten, kraft, trotz, statt, wegen, zeit

Beispiel:

Er wird **zeit** seines Lebens daran denken.

Die folgenden unbestimmten Zahlwörter:
ein **bisschen** (= ein wenig), ein paar (= einige)
Beispiel:

Sie braucht ein **paar** Stunden dazu.

Großgeschrieben wird *Paar* in folgender Bedeutung:

Heute kaufe ich mir ein **Paar** Schuhe.

Uhrzeit und Maßangaben auf -tel und -stel:
Beispiele:

eine viertel Stunde (auch: eine Viertelstunde), zwei hundertstel Sekunden schneller (auch: zwei Hundertstelsekunden schneller)
um viertel drei (**aber:** um **Viertel vor** drei)

Einmal groß – einmal klein: Hier kannst du wählen.
Es kommt darauf an, wie du die Ausdrücke jeweils verstehst, ob als **Zusammensetzung** oder als **Wortgruppe,** als **Pronomen** oder als **Nomen.**

Zusammensetzung		**Wortgruppe**
aufgrund	oder	auf Grund
aufseiten	oder	auf Seiten
außerstande setzen	oder	außer Stande setzen
imstande sein	oder	im Stande sein
mithilfe	oder	mit Hilfe
zugrunde gehen	oder	zu Grunde gehen
zumute sein	oder	zu Mute sein
zustande bringen	oder	zu Stande bringen
Pronomen		**Nomen**
die deinen	oder	die Deinen
die meinigen	oder	die Meinigen
das ihre	oder	das Ihre
Adjektiv		**Nomen**
aufs (auf das) herzlichste	oder	aufs (auf das) Herzlichste
aufs (auf das) beste	oder	aufs (auf das) Beste

Überprüfe hier, ob das Wissen sitzt

1 Entscheide: klein- oder großgeschrieben? Streiche den falschen Buchstaben.

a) „Das Theaterstück ist wirklich S/spitze!“

Dies ist nur die S/spitze des Eisbergs.

b) Mir wird A/angst und B/bange, wenn ich das höre.

Vor dieser Prüfung hat sie richtig A/angst.

c) Ich bin es L/leid, das immer wieder zu hören.

Das tiefe L/leid der Menschen rührte ihn zu Tränen.

2 Setze den richtigen Buchstaben ein: klein oder groß.

a) Erst A bends wurde er so richtig munter.

b) Sie hatte sich V orgestern A bend zu einem Bummel durch die Altstadt verabredet.

c) Über seinen Anfangserfolg freute sich Karola ein b isschen.

d) Felix ging m ittwochs immer zum Tennisspielen in der Sporthalle.

e) An diesem f reitagnachmittag lief aber auch alles falsch.

f) Bis zum Abflug dauerte es noch ein p aar Stunden.

3 Hier sind zwei Schreibweisen möglich; schreibe die jeweils andere Form auf.

a) anstelle von – Anstellen von

b) auf Seiten – aufseiten

c) zulasten – Zulasten

d) zumute sein – Zumute sein

e) zu Gunsten – Zu gunsten

f) zustande bringen – Zustande bringen

g) zu Grunde gehen – Zu grunde gehen f

h) die euren – die Euren ✓

i) die seinen – die Seinen ✓

j) außerstande sein – Außerstande sein f

1 a) spitze, die Spitze
b) angst und bange, Angst
c) leid, das tiefe Leid

2 a) abends
b) vorgestern Abend
c) ein bisschen
d) mittwochs
e) Freitagnachmittag
f) paar

3 a) an Stelle von
b) aufseiten
c) zu Lasten
d) zu Mute sein
e) zugunsten
f) zu Stande bringen
g) zugrunde gehen
h) die Euren
i) die Seinen
j) außer Stande sein

25

Die wichtigsten Regeln der Großschreibung im Überblick

Großschreibung

Nomen (Substantive)
Beispiele:
der Hund, das dicke Buch, unser Urlaub

Eigennamen und feste Verbindungen
Beispiele:
der Westfälische Frieden
Friedrich der Große
Frankfurter Würstchen

Nomen in Tageszeiten
Beispiele:
heute Abend
am gestrigen Nachmittag
des Morgens

Andere Wortarten, die zu Nomen geworden sind
Beispiele:
das Autofahren, das Laufen, sein Schnarchen
das Allerbeste, wenig Neues
auf dem Laufenden sein, das Weite suchen
das Hier und Heute, das Wenn und Aber, das Ach und Weh

Superlative von Adjektiven, die zu Nomen geworden sind
Beispiele:
Sie sind auf das Beste angewiesen. (Frage: auf was?)
Es fehlt am Notwendigsten. (Frage: an was?)

Beachte aber die Kleinschreibung:
Sie spielt am schönsten. (Frage: wie?)

Groß und klein!

Hier kann die Schreiberin/der Schreiber selbst entscheiden.

Antwort auf die Frage wie?	
aufs Herzlichste	aufs herzlichste
aufs Schönste	aufs schönste
Verwendung als Nomen oder Pronomen	
die Deinen	die deinen
der Eure	der eure
Verwendung als Nomen oder Adjektiv	
von Neuem	von neuem
seit Längerem	seit längerem
Verwendung als Zusammensetzung oder Wortgruppe	
zugrunde gehen	zu Grunde gehen
aufseiten	auf Seiten
mithilfe	mit Hilfe

Überprüfe hier, ob das Wissen sitzt

1 Streiche jeweils die falschen Buchstaben durch. Einmal kannst du auf zweierlei Weise schreiben.

Die Krähe und der Krug

Eine Krähe suchte am M/mittag Wasser zum T/trinken. Schon bald war sie dem V/verdursten nahe. Schließlich fand sie auf ihrer Suche einen G/roßen Krug, in dem sich ein W/wenig Wasser befand. Das T/trinken wollte der Krähe aber nicht gelingen, weil der Krug oben zu E/eng war. Auch das U/umstoßen des Kruges brachte sie nicht zustande/zu Stande. Über K/kurz oder L/lang würde sie verdursten. Die Krähe war bereits kurz vorm A/aufgeben, da hatte sie plötzlich eine tolle Idee. Sie pickte mit ihrem Schnabel F/flugs Kieselsteine auf und ließ diese in den Krug fallen. Das bewirkte ein allmähliches A/ansteigen des Wasserspiegels im Krug. Jetzt konnte die Krähe endlich ihren G/großen Durst löschen.

2 Ein eigenartiger Traum

Ich habe G/gestern A/abend etwas M/merkwürdiges geträumt.
Ich habe einen außergewöhnlichen Jungen kennen gelernt. Auffallend an seinem Ä/äußeren waren das dunkle B/braun seiner Haare und die lustigen Sommersprossen. Auch das A/andersartige an seiner Kleidung war mir sofort aufgefallen, zum Beispiel das grelle G/gelb seiner Hose und der M/moderne Pullover in H/hellblau. Das E/erstaunlichste war, dass er sich mit mir in einer fremden Sprache unterhielt, die ich sofort verstand. Der Junge kam offenbar von W/weit her; er ging mit mir

durch D/dick und D/dünn. Das S/schönste kommt jetzt aber zum Schluss. Diese Woche habe ich einen S/spanischen Jungen N/namens Pedro kennen gelernt, der meinem Traumbild sehr Ä/ähnlich ist. Jedenfalls hatte er all das A/außergewöhnliche an sich, wovon ich geträumt habe. In einem Punkt hat sich A/anfangs der Traum allerdings nicht erfüllt, denn ich kann den Worten meines neuen Freundes noch nicht so richtig folgen.

1 Die Krähe und der Krug

Eine Krähe suchte am **M**ittag Wasser zum **T**rinken. Schon bald war sie dem **V**erdursten nahe. Schließlich fand sie auf ihrer Suche einen **g**roßen Krug, in dem sich ein **w**enig Wasser befand. Das **T**rinken wollte der Krähe aber nicht gelingen, weil der Krug oben zu **e**ng war. Auch das **U**mstoßen des Kruges brachte sie nicht **zustande/zu Stande** (beides geht). Über **k**urz oder **l**ang würde sie verdursten. Die Krähe war bereits kurz vorm **A**ufgeben, da hatte sie plötzlich eine tolle Idee. Sie pickte mit ihrem Schnabel **f**lugs Kieselsteine auf und ließ diese in den Krug fallen. Das bewirkte ein allmähliches **A**nsteigen des Wasserspiegels im Krug. Jetzt konnte die Krähe endlich ihren **g**roßen Durst löschen.

2 Ein eigenartiger Traum

Ich habe **g**estern **A**bend etwas **M**erkwürdiges geträumt. Ich habe einen außergewöhnlichen Jungen kennen gelernt. Auffallend an seinem **Ä**ußeren waren das dunkle **B**raun seiner Haare und die lustigen Sommersprossen. Auch das **A**ndersartige an seiner Kleidung war mir sofort aufgefallen, zum Beispiel das grelle **G**elb seiner Hose und der **m**oderne Pullover in **H**ellblau. Das Erstaunlichste war, dass er sich mit mir in einer fremden Sprache unterhielt, die ich sofort verstand. Der Junge kam offenbar von **w**eit her; er ging mit mir durch **d**ick und **d**ünn. Das **S**chönste kommt jetzt aber zum Schluss. Diese Woche habe ich einen **s**panischen Jungen **n**amens Pedro kennen gelernt, der meinem Traumbild sehr **ä**hnlich ist. Jedenfalls hatte er all das **A**ußergewöhnliche an sich, wovon ich geträumt habe. In einem Punkt hat sich **a**nfangs der Traum allerdings nicht erfüllt, denn ich kann den Worten meines neuen Freundes noch nicht so richtig folgen.

26

Die wichtigsten Regeln der Kleinschreibung im Überblick

Kleinschreibung

Alle Wortarten außer dem Nomen (Substantiv) und außer zu Beginn eines Satzes.

Pronomen

Beispiele:

jeder (ein jeder, eine jede), mancher
alle, allen, alles
beide, beides

Zahladjektive

Beispiele:

viel, wenig
(der/die/das/ein/eine) andere, anderer

Feste Verbindungen aus Präposition und nicht dekliniertem (nicht gebeugtem) Adjektiv

Beispiele:

durch dick und dünn
in bar
schwarz auf weiß
von fern, von weit her
über kurz oder lang

Superlative von Adjektiven mit *am* (wenn die Frage lautet: wie?)

Beispiele:

Sie spielt am besten.
Er ist am schönsten.
Am langweiligsten fand ich das dritte Spiel.

Desubstantivierungen, das heißt: Wörter, die ihre Aufgabe als Nomen (Substantiv) verloren haben und die Aufgabe einer anderen Wortart übernehmen.

Beispiele:

teils ... teils
anfangs
morgens
namens
ein bisschen
ein paar
ein wenig
dank seiner Hilfe
kraft eines starken Motors
trotz des Wetters
zeit seines Lebens

Im Zusammenhang mit den Verben ***sein, werden, bleiben*** werden die folgenden Wörter kleingeschrieben: **angst, bange, leid, pleite, recht, schuld, klasse, spitze.**

Beispiele:

Mir wird angst und bange.
Das ist mir recht.
Ich bin schuld.
Die ist spitze!

Überprüfe hier, ob das Wissen sitzt

1 Streiche die falschen Buchstaben in den Wörtern durch.

a) Sie wollte es immer A/allen R/recht machen.

Heute A/abend bin ich R/recht müde.

b) Wenn das ein A/anderer bekommen hätte, wäre ich von A/anfang an nicht dagegen gewesen.

Das A/andere Kleid steht mir besser.

c) Gib mir bitte nur ein W/wenig!

Das W/wenige, was sie verdient, reicht kaum.

d) Die S/süddeutschen Schüler schnitten bei dem Test am B/besten ab.

Seine Leibspeise waren F/frankfurter Würstchen.

e) Ich gehe M/morgens M/meist als E/erstes joggen.

Über K/kurz oder L/lang brauche ich neue Laufschuhe.

f) Sie erreichten den Zug D/dank seiner Hilfe noch rechtzeitig.

Dabei waren sie bereits auf das S/schlimmste gefasst.

g) Er konnte mit H/hilfe seines Trainers seine Leistung um E/einiges steigern.

Von N/neuem startete er bei der Bezirksmeisterschaft.

h) Kann ich in B/bar bezahlen?

Ist es dir R/recht, wenn ich noch ein B/bisschen ausruhe?

i) Das hätte ich doch lieber S/schwarz auf W/weiß.

Ich bin es L/leid, ihm immer hinterherzulaufen.

2 Schreibe die Begriffe richtig in Groß- und Kleinschreibung auf die Linien.

a) DIE WENIGSTEN ____________________

b) VON FERN ____________________

c) DES MORGENS ____________________

d) DIE BLAUE BLUSE ____________________

e) MIT VIEL SCHWUNG ____________________

f) ALLE BEIDE ____________________

g) MIT ACH UND KRACH ____________________

h) JEDER EINZELNE ____________________

i) GRAU IN GRAU ____________________

j) BIS FÜNF ZÄHLEN ____________________

1 a) allen recht machen, heute Abend, recht müde
b) ein anderer, von Anfang an, das andere Kleid
c) nur ein wenig, das Wenige
d) die süddeutschen Schüler, am besten, Frankfurter Würstchen
e) morgens, meist, als Erstes, über kurz oder lang
f) dank seiner Hilfe, auf das Schlimmste
g) mit Hilfe oder mithilfe, um Einiges, von Neuem
h) in bar, ist es recht, ein bisschen
i) schwarz auf weiß, bin es leid

2 a) die Wenigsten
b) von fern
c) des Morgens
d) die blaue Bluse
e) mit viel Schwung
f) alle beide
g) mit Ach und Krach
h) jeder einzelne
i) grau in grau
j) bis fünf zählen

27

Getrennt- und Zusammenschreibung

Die **Getrenntschreibung** von Wörtern ist der Normalfall. Es handelt sich dabei um die Bestandteile von **Wortgruppen.**

Beispiele:

Radio hören, Angst haben, getrennt schreiben

Zusammenschreibungen sind die Ausnahme und bedürfen einer Regel. Es handelt sich bei der Zusammenschreibung um Bestandteile von **Zusammensetzungen.**

Beispiele:

altersschwach, durchbrechen, liebäugeln, handhaben, zusammenschreiben

Manchmal kommt es bei der Frage, ob zusammengeschrieben oder getrennt geschrieben wird, auf den **Zusammenhang im Satz** an. Man kann dann das Wort als Zusammensetzung oder als Wortgruppe verstehen und schreibt entsprechend zusammen oder getrennt.

Beispiel:

zustande – zu Stande

■ Getrenntschreibung

Getrennt geschrieben werden

a) Bestandteile aus Verb (Infinitiv/Partizip) und Verb

Beispiele:

laufen lernen, sprechen können, verstecken spielen, getrennt schreiben, geschenkt bekommen

b) Bestandteile aus Nomen (Substantiv) und Verb

Beispiele:

Angst haben, Auto fahren, Rad fahren, Rat suchen, Walzer tanzen, Recht haben, Abwechslung suchen

Beachte aber: Bei den folgenden Schreibungen handelt es sich um substantivierte (nominalisierte) Verben. Hier wird zusammen- und großgeschrieben.

Beispiele:

das Autofahren, das Radfahren, das Skilaufen

Beachte die Ausnahmen: **Nicht getrennt** geschrieben werden Zusammensetzungen mit *heim-, irre-, preis-, stand-, statt-, teil-, wett-, wunder-, eis-, kopf-, leid-*.

Beispiele:

preisgeben – wir geben preis, wir gaben preis, wir haben preisgegeben, eislaufen, kopfstehen, leidtun

Beachte: Bei den folgenden Beispielen werden unterschiedliche Bedeutungen durch unterschiedliche Schreibweisen ausgedrückt.

Beispiele:

gut schreiben (einen Aufsatz) – gutschreiben (einen Betrag)
frei sprechen (ohne Manuskript) – freisprechen (vor Gericht)

c) Verbindungen mit *sein*

Beispiele:

außerstande sein (auch außer Stande sein), da sein, fertig sein, pleite sein, vonnöten sein, vorbei sein, vorhanden sein

d) Immer getrennt:

ohne dass, statt dass, außer dass
gar nicht, gar nichts, gar kein
wie viel
zu viel, zu wenig

Verbindungen derselben Form können manchmal eine Wortgruppe (getrennt) oder eine Zusammensetzung (zusammen) bilden. Dies richtet sich nach Sprachgebrauch, Betonung und Bedeutung im Satz.

Beispiele:

Er ist **höchst**persönlich gekommen.	eine höchst **persönliche** Angelegenheit
(Betonung auf *höchst*)	(Betonung auf *persönlich*)
hierbleiben	hier **bleiben**
richtigliegen	richtig **liegen**
(Recht haben)	(richtige Lage)
achtgeben	Acht geben
(als Zusammensetzung)	(als Wortgruppe)
haltmachen	Halt machen
danksagen	Dank sagen
selbstgebackene Plätzchen	selbst gebackene Plätzchen

Überprüfe hier, ob das Wissen sitzt

1 Zusammen oder getrennt? Streiche die falsche Schreibung durch.

a) Der Lehrer meinte, dass sie diesmal in ihrer Arbeit gut geschrieben / gutgeschrieben hat.

Auf ihrem Konto wurde der Betrag gut geschrieben / gutgeschrieben.

b) Diesmal wird der Wetterbericht mit der Vorhersage richtig liegen / richtigliegen.

Um keine Rückenschmerzen zu haben, muss man richtig liegen / richtigliegen.

c) Bei schönem Wetter wollen die beiden Freundinnen baden gehen / badengehen.

Weil sie zu lange gewartet haben, ist diese Chance baden gegangen / badengegangen.

d) Wenn man ein Referat hält, sollte man nach Möglichkeit freisprechen / frei sprechen.

Der Angeklagte wurde aufgrund des überzeugenden Plädoyers seines Verteidigers frei gesprochen / freigesprochen.

e) Er ist auf dem Stuhl sitzen geblieben / sitzengeblieben.

In der Schule ist er zweimal sitzengeblieben / sitzen geblieben.

2 Getrennt oder zusammen? Streiche die falsche Schreibung durch.

a) Seine Entschuldigungen nutzten ihm garnichts / gar nichts.

b) Er redete die ganze Zeit, ohne dass / ohnedass er ins Stocken geriet.

c) Sie wusste nicht, wie viel / wieviel sie zu bezahlen hatte.

d) Das war ihm viel zu wenig / zuwenig.

3 Hier hast du zwei Möglichkeiten: Schreibe jeweils die andere Schreibweise auf.

a) Dank sagen – ______________________

b) selbst gebackener Kuchen – ______________________

c) eine Gewinn bringende Anlage – ______________________

d) allein erziehende Mütter – ______________________

e) haltmachen – ______________________

f) Rat suchende Eltern – ______________________

g) eisenverarbeitende Industrie – ______________________

h) Erdöl fördernde Länder – ______________________

1 a) gut geschrieben – gutgeschrieben
b) richtigliegen – richtig liegen
c) baden gehen – badengegangen
d) frei sprechen – freigesprochen
e) sitzen geblieben – sitzengeblieben

2 a) gar nichts
b) ohne dass
c) wie viel
d) zu wenig

3 a) danksagen
b) selbstgebackener Kuchen
c) eine gewinnbringende Anlage
d) alleinerziehende Mütter
e) Halt machen
f) ratsuchende Eltern
g) Eisen verarbeitende Industrie
h) erdölfördernde Länder

Zusammenschreibung in Verbindung mit Verben

a) Trennbare Zusammensetzungen

Hier kann die Reihenfolge der Bestandteile im Satz wechseln.

Beispiele:

abändern, abbeißen, bloßstellen, hinzukommen
Er wollte ihn **bloßstellen.**
Er versuchte ihn **bloßzustellen.**
Er hat ihn wieder einmal **bloßgestellt.**
Er **stellte** ihn vor allen Leuten **bloß.**
Es soll nicht so sehr **auffallen.**
Es ist etwas **aufgefallen.**
Es **fiel** leider etwas **auf.**

b) Untrennbare Zusammensetzungen

Hier kann das Verb im Satz nicht getrennt werden.

Beispiele:

langweilen, vollbringen, vollenden, weissagen
Er **frohlockte** über seine Vier in Englisch.
Sie wollte schon **frohlocken.**
Sie begann zu **frohlocken.**
Sie hat zu früh **frohlockt.**
Sie **frohlockte** mal wieder.
Wir können das anders **handhaben.**
Wir versuchten es geschickt zu **handhaben.**
Wir **handhabten** es geschickt.

Einige zusammengesetzte Verben können im Satz eine unterschiedliche **Bedeutung** haben, je nachdem, ob sie trennbar oder untrennbar sind.

Beispiele:

Sie **übersetzt** den spanischen Text ins Deutsche.
Er **setzte** mit der Fähre **über** den Fluss.
Es **wiederholt** sich alles.
Er **holt** sich seine Hefte **wieder** zurück.
Ebenso: umfahren, durchbrechen

Zusammensetzungen aus Nomen (Substantiv) und Verb

Beispiele:

brandmarken, handhaben, schlafwandeln, schlussfolgern, wehklagen, preisgeben, standhalten, irreführen, heimkommen

Zusammensetzungen aus Adjektiv und Verb

Adjektive können mit Verben untrennbare Zusammensetzungen bilden.

Beispiele:

frohlocken, langweilen, liebäugeln, liebkosen
Dies **langweilte** ihn immer wieder.

Zusammensetzungen aus Partikel und Verb

Beispiele:

durchbrechen, hintergehen, übersetzen, umfahren, unterstellen, wiederkommen, widersprechen

Beachte: Manchmal sind Bedeutung und Schreibweise unterschiedlich.

Beispiele:

Sie **durchbrach** die Absperrung. (untrennbare Zusammensetzung)
Er **brach** die Brezel **durch.** (trennbare Zusammensetzung)

Bei den Partikeln *durch-, hinter-, über-, um-, unter-, wider-* und *wieder-* kann die Zusammensetzung mit Verb je nach Bedeutung trennbar oder untrennbar sein.

Es gibt eine große Anzahl von Zusammensetzungen aus Partikel und Verb.

ab-	herunter-	-ändern	-halten
abhanden-	mit-	-arbeiten	-kommen
an-	weiter-	-bestellen	-laufen
auf-	wider-	-biegen	-legen
aus-	wieder-	-fahren	-reden
dabei-	zusammen-	-fallen	-sprechen
davon-	...	-führen	-tun

Beachte: Verbindungen mit **sein** schreibt man stets getrennt.

Beispiele:

da sein, dabei sein, fertig sein, vorbei sein

Überprüfe hier, ob das Wissen sitzt

1 Entscheide: zusammen oder getrennt? Streiche die falsche Schreibung durch.

a) Zuerst ist ihr überhaupt nichts an ihm aufgefallen / auf gefallen.

b) Diesmal wollte er einfach dabei sein / dabeisein.

c) „Wann wird dieser Prüfungsstress mal vorbei sein / vorbeisein", stöhnt sie.

d) Die drei Freunde wollen sich zusammentun / zusammen tun, um mehr zu erreichen.

e) Er frohlockte / froh lockte über seine Zwei.

f) Sie mochte ihn, denn sie ließ ihn an ihrem Apfel abbeißen / ab beißen.

g) Eigentlich wollte sie schon um fünf Uhr fertig sein / fertigsein.

2 Kreuze die untrennbaren Zusammensetzungen an. Forme den Satz um, wenn du im Zweifel bist.

a) Sie **liebkoste** das kleine Kätzchen.

b) Er konnte den Wagen nicht mehr abbremsen und **durchbrach** die Absperrung.

c) Man konnte ihn nicht **hintergehen,** er passte sehr genau auf.

d) Sie **umfuhr** den Stau und kam noch rechtzeitig an ihr Ziel.

e) Beim Einparken hatte sie einen Grenzstein **umgefahren.**

f) Lernstoff, der sich fest einprägen soll, muss häufig **wiederholt** werden.

g) Er konnte ihr einfach nicht **widersprechen.**

h) Er wollte mit dem Lineal ein wenig spielen, dabei hat er es **durchgebrochen.**

3 Nenne jeweils vier Beispiele für

a) Zusammensetzungen aus Partikel und Verb

____

____

b) Zusammensetzungen aus Adjektiv und Verb

____

____

c) Zusammensetzungen aus Nomen und Verb

____

____

1 a) aufgefallen
b) dabei sein
c) vorbei sein
d) zusammentun
e) frohlockte
f) abbeißen
g) fertig sein

2 Untrennbare Zusammensetzungen finden sich in a, b, c, d, f, g.

3 (Beispiele)
a) aufeinanderprallen, umgehen, hierbleiben, querlesen
b) kleinreden, falschspielen, nahebringen, klarmachen
c) kopfstehen, eislaufen, teilnehmen, notlanden

Trennbare Zusammensetzungen aus Adverb und Verb sowie Adjektiv und Verb

Adverbien und Adjektive können mit Verben trennbare Zusammensetzungen bilden.

Beispiele:

bereithalten, fehlschlagen, freisprechen (für unschuldig befinden), gutschreiben (einen Betrag anrechnen)
Er hat ihm den Betrag **gutgeschrieben.** Er **schreibt** den Betrag **gut.**

Diese Zusammensetzungen kann man an einem der beiden folgenden Merkmale erkennen:

a) Der erste Bestandteil kommt in dieser Form nicht als selbstständiges Wort vor.
   Beispiele:
   fehlgehen, kundgeben, weismachen
b) Der erste Bestandteil ist weder erweiterbar noch steigerbar.
   Beispiele:
   bereithalten, fernsehen, freisprechen, gutschreiben, hochrechnen, totschlagen, wahrsagen, vollspritzen, volltanken, festbinden

Beachte: Bei den folgenden Beispielen handelt es sich um unterschiedliche **Bedeutungen,** die durch eine jeweils unterschiedliche Schreibweise ausgedrückt werden.

gut schreiben (einen Aufsatz) – gutschreiben (einen Betrag)
frei sprechen (ohne Manuskript) – freisprechen (vor Gericht)
fertig machen (zu Ende bringen) – fertigmachen (quälen)

Bei bestimmten Verbindungen aus Adverb und Verb wird nur zusammengeschrieben, wenn das Adverb den Hauptakzent der **Betonung** trägt.

Beispiele:

abseitsstehen, abwärtsfahren, dortbleiben, gernhaben, hierbehalten, rückwärtsgehen, zueinanderfinden

■ Zusammensetzungen mit Adjektiven, Partizipien, Zahlwörtern

Es gibt unterschiedlich gebaute Zusammensetzungen mit Adjektiven, Partizipien und Zahlwörtern.

Adjektive: altersschwach, bitterkalt, blaugrau, feuchtwarm, nasskalt
Partizipien: wehklagend, angsterfüllt
Zahlwörter: der zweihundertfünfzigste Besucher, siebenhundert, vierzehn

Im Einzelnen:

a) Adjektivzusammensetzungen, bei denen der erste oder zweite Baustein nicht selbstständig vorkommt.
   Beispiele:
   blauäugig, großspurig, letztmalig, schwerstbehindert, vieldeutig

b) Adjektivzusammensetzungen mit Wortbausteinen, die eine bedeutungsverstärkende oder bedeutungsmindernde Aufgabe haben. Diese Wortbausteine sind:
   brand-, dunkel-, erz-, extra-, gemein-, grund-, hyper-, stock-, super-, tod-, ur-, voll-, echt-, rein-, wohl-
   Beispiele:
   brandaktuell, stockdunkel, superleicht, todlangweilig, reinseiden, wohlgelitten

29

Überprüfe hier, ob das Wissen sitzt

1 Entscheide: zusammen oder getrennt? Streiche die falsche Schreibung durch.

a) Der Betrag wurde gut geschrieben / gutgeschrieben.

b) In diesem Jahr wollen die Nachbarn ihre Gartenmöbel grün anstreichen / grünanstreichen.

c) Das Essen ist kalt geworden / kaltgeworden.

d) Das kannst du mir nicht weis machen / weismachen!

e) Dürfen wir heute fern sehen / fernsehen?

f) Das Bäumchen muss an einem Pfahl festgebunden / fest gebunden werden.

g) Diese Statistiken muss man hoch rechnen / hochrechnen.

h) Er wird sicher vor Gericht frei gesprochen / freigesprochen.

i) Sie sollte sich dazu bereit finden / bereitfinden, bei diesem Projekt mitzumachen.

j) Heute müsste er aber mal wieder seinen Wagen volltanken / voll tanken.

k) Für die Passkontrolle am Flughafen müssen die Pässe bereit gehalten / bereitgehalten werden.

2 Bilde jeweils eine Zusammensetzung mit folgenden Wortbausteinen.

a) brand- – ______________________

b) dunkel- – ______________________

c) super- – ______________________

d) extra- – ______________________

e) erz- – ______________________________

f) gemein- – ______________________________

g) tod- – ______________________________

h) ur- – ______________________________

i) grund- – ______________________________

3 Entscheide, zu welcher Sorte das Wort gehört:

a) Adjektivzusammensetzungen, bei denen der erste oder zweite Baustein nicht selbstständig vorkommt

oder

b) Adjektivzusammensetzungen mit Wortbausteinen, die eine bedeutungsverstärkende oder bedeutungsmindernde Aufgabe haben

☐ vieldeutig

☐ stockdunkel

☐ braunäugig

☐ urgemütlich

☐ kleinteilig

☐ todkrank

1 a) gutgeschrieben
b) grün anstreichen
c) kalt geworden
d) weismachen
e) fernsehen
f) festgebunden
g) hochrechnen
h) freigesprochen
i) bereitfinden
j) volltanken
k) bereithalten

2 (Beispiele)
a) brandaktuell
b) dunkelblond
c) superspannend
d) extralang
e) erzkonservativ
f) gemeingefährlich
g) todlangweilig
h) urkomisch
i) grundehrlich

3 a vieldeutig
b stockdunkel
a braunäugig
b urgemütlich
a kleinteilig
b todkrank

Zusammensetzungen: Nomen und andere Wortarten

Verschiedene Wortarten können mit Nomen zusammengesetzt werden. Man schreibt sie zusammen.

Beispiele:

Klassenraum, Pausenhalle, Schulhof
Faultier, Fünfkampf, Fünfzigerjahre, Leerlauf
Rastplatz, Schreibheft
Bahnhofstraße, Drosselgasse
Europabrücke, Schillergedicht

■ Zusammensetzungen anderer Wortarten

Man schreibt Wörter aus verschiedenen Bausteinen zusammen, wenn die Wortart, Wortform oder Bedeutung der Einzelbestandteile nicht mehr deutlich erkennbar ist.

Dies betrifft:

a) **Adverbien**

Beispiele:

-auf	bergauf, landauf
-ab	bergab, landab
-dessen	infolgedessen
-dings	allerdings
-falls	allenfalls
-maßen	einigermaßen
-so	ebenso
-über	kopfüber
-wegs	geradewegs, keineswegs
-weilen	bisweilen
irgend-	irgendwo, irgendwann, irgendwohin
zu-	zuerst, zuallererst, zuletzt

Beachte aber die Getrenntschreibung, wenn ein Bestandteil erweitert ist.

Zur Gegenüberstellung:

diesmal	dieses Mal
stromabwärts	den Strom abwärts
keinesfalls	in keinem Fall

b) Konjunktionen

Beispiele:

anstatt, sobald, sofern, solange, sooft, soviel, soweit

Beachte die Wortart!

Konjunktionen werden zusammengeschrieben, aber nicht die Verbindungen von Partikel und Adjektiv, die ähnlich klingen.

Konjunktion: Soweit ich es beurteilen kann, ist die Lösung falsch.

Partikel + Adjektiv: So weit ist es noch bis zum nächsten Ort?

c) Präpositionen

Beispiele:

anhand, infolge, inmitten, zufolge, zuliebe

d) Pronomen

Beispiele mit irgend-:

irgendein, irgendetwas, irgendjemand,
irgendwas, irgendwelcher, irgendwer

Beachte aber die Getrenntschreibung, wenn ein Bestandteil erweitert ist.

Zur Gegenüberstellung:

irgendein	irgend so ein
irgendwas	irgend so etwas

Überprüfe hier, ob das Wissen sitzt

1 Bilde Adverbien als Zusammensetzung mit den folgenden Wortbausteinen.

a) -so- – ______________________

b) -auf- – ______________________

c) -all- – ______________________

d) -ab- – ______________________

e) -dessen- – ______________________

f) -dings- – ______________________

g) -wegs- – ______________________

h) -weilen- – ______________________

i) irgend- – ______________________

j) -über- – ______________________

k) -weilen – ______________________

2 Entscheide: getrennt oder zusammen. Achte auf die Betonung und streiche die falsche Schreibung durch.

a) Ich habe dich in der letzten Zeit gar nicht so oft / sooft gesehen.

Er grüßte sie freundlich, so oft / sooft er sie sah.

b) So bald / sobald er mit seiner Arbeit fertig war, ging er nach Hause.

Wir sehen uns so bald / sobald nicht wieder.

c) Sie helfen ihr, solange / so lange es eben geht.

Er weiß, dass es so lange / solange nicht mehr dauern wird.

d) So viel / soviel ich weiß, fängt der Kurs erst nächste Woche an.

Mit so viel / soviel habe ich gar nicht gerechnet.

e) Dass es so weit / soweit bis zum Aussichtsturm ist, hätte ich nicht gedacht.

Soweit / so weit ich mich erinnern kann, wollte Tante Lena erst morgen kommen.

f) Er hatte in der Dunkelheit irgendwas / irgend was gesehen.

Sie träumte davon, dass irgendsoein / irgend so ein Außerirdischer in ihrem Garten landete.

1 (Beispiele)
a) ebenso
b) bergauf
c) überall
d) treppab
e) unterdessen
f) allerdings
g) unterwegs
h) bisweilen
i) irgendwie
j) gegenüber
k) einstweilen

2 a) so oft, sooft
b) sobald, so bald
c) solange, so lange
d) soviel, so viel
e) so weit, Soweit
f) irgendwas, irgend so ein

Einmal getrennt (Wortgruppe) – einmal zusammen (Zusammensetzung)

Verbindung aus Adjektiv und Verb

Getrennt- und Zusammenschreibung sind möglich, wenn das Adjektiv das **Ergebnis** der Tätigkeit bezeichnet, die das Verb ausdrückt.

Beispiele:

blank putzen – blankputzen
glatt hobeln – glatthobeln
heiß machen – heißmachen

Verbindungen mit *bleiben* oder *lassen* können zusammengeschrieben werden, wenn sich eine neue, **übertragene Bedeutung** ergibt.

Beispiele:

gehen lassen (jemanden gehen lassen) – sich gehenlassen (sich vernachlässigen); liegen bleiben (im Bett) – liegenbleiben (nicht erledigt werden)

Beachte: Bei einigen Verbindungen mit Verben wird je nach Bedeutung zusammengeschrieben oder getrennt geschrieben.

Beispiele:

als Zusammensetzung	als Wortgruppe
gutschreiben (auf dem Konto)	gut schreiben (einen Aufsatz)
freisprechen (vor Gericht)	frei sprechen (bei einem Vortrag)
sichergehen (Gewissheit haben)	sicher gehen (gut zu Fuß)

Verbindungen mit dem Wortbaustein *zusammen*

Immer wenn das Wort *zusammen* die Bedeutung *gemeinsam* hat, wird es vom nachfolgenden Verb getrennt geschrieben.

Beispiel:

zusammen	getrennt
Sie war vor Schreck zusammengefahren.	Wir werden zusammen (gemeinsam) fahren.

Zu: Infinitiv oder Vorsilbe?

Bildet *zu* die Vorsilbe (Präfix) eines Verbs, wird es mit dieser zusammengeschrieben. Das Verb mit der Vorsilbe *zu* ist dann eine trennbare Zusammensetzung.
In den folgenden Beispielen mit dem Infinitiv *zu* handelt es sich um die beiden Verben *geben* und *zugeben.*
geben: Sie vergaß ihm das Buch **zu geben.** (Wortgruppe)
zugeben: Er weigerte sich, den Fehler **zuzugeben.** (Zusammensetzung)
Er hat den Fehler nicht **zugegeben.**

„Formulierungssache": Zusammensetzung oder Wortgruppe?

Beispiele:

Formulierung als Zusammensetzung zusammengeschrieben	**Formulierung als Wortgruppe** getrennt geschrieben
angsterfüllt	von Angst erfüllt
einmal	ein einziges Mal
freudestrahlend	vor Freude strahlend
irgendeiner	irgend so einer
irreführend	in die Irre führend
jederzeit	zu jeder Zeit
keinesfalls	in keinem Fall
letztmals	das letzte Mal
meterhoch	einige Meter hoch

Überprüfe hier, ob das Wissen sitzt

1 Stelle gegenüber: getrennt und zusammen. Schreibe jeweils den passenden Ausdruck auf.

	Getrennt	Zusammen
a)		mehrmals
b)	das	letztmals
c)	Gewinn bringend	
d)		metallverarbeitend
e)	vom Mond beschienen	
f)	in keinem Fall	
g)	irgend so etwas	
h)		einmal
i)		neidzerfressen
j)	Erdöl fördernd	

2 Zusammen oder getrennt? Streiche die falsche Schreibung durch.

a) Wir sind auf dem Bahnhof zusammen angekommen / zusammenangekommen.

b) Sie hat den Strauß zusammen gebunden / zusammengebunden.

c) Dieses Wort ist aus mehreren Wörtern zusammengesetzt / zusammen gesetzt.

d) Sie wollen für immer zusammenbleiben / zusammen bleiben.

e) Heute wollen die beiden Chöre zusammensingen / zusammen singen.

TESTEN • TESTEN • TESTEN • TESTEN • TESTEN • TESTEN • TESTEN • TESTEN

3 Zusammen oder getrennt? Streiche den Trennungsstrich, falls notwendig.

a) Er hört sofort auf zu / flüstern.

Sie wollte ihm gerade noch etwas zu / flüstern.

b) Sie forderte ihn auf, sofort zu / gehen.

Gerade noch wollte er auf sie zu / gehen, um sich mit ihr zu versöhnen.

c) Der Richter forderte den Angeklagten auf zu / gestehen.

Das war alles, was sie ihm zu / gestehen konnte.

1
a) mehrere Male
b) das letzte Mal
c) gewinnbringend
d) Metall verarbeitend
e) mondbeschienen
f) keinesfalls
g) irgendetwas
h) ein einziges Mal
i) von Neid zerfressen
j) erdölfördernd

2
a) zusammen angekommen
b) zusammengebunden
c) zusammengesetzt
d) zusammenbleiben
e) zusammen singen

3
a) zu flüstern, zuflüstern
b) zu gehen, zugehen
c) zu gestehen, zugestehen

Verbindungen mit *-bleiben* und *-lassen*

Zusammengeschrieben wird, wenn sich die neue **Gesamtbedeutung** nicht aus den Bedeutungen der Einzelteile erschließen lässt.

Beispiele:

sitzen lassen (jemandem seinen Platz überlassen) – sitzenlassen (jemanden im Stich lassen)

sitzen bleiben (auf einem Stuhl sitzen bleiben) – sitzenbleiben (eine Klasse wiederholen)

■ Getrennt- oder Zusammenschreibung von Adjektiv und Verb?

Es wird zusammengeschrieben, wenn der adjektivische Bestandteil zusammen mit dem verbalen Bestandteil eine neue Gesamtbedeutung bildet.

getrennt	**zusammen** (übertragene Bedeutung)
ernst nehmen Er hat ihn nicht richtig ernst genommen.	krankschreiben Er wird vom Arzt für eine Woche krankgeschrieben.
frei sprechen Bei einem Vortrag sollte man möglichst frei sprechen.	kürzertreten Wenn man kein Geld mehr hat, sollte man etwas kürzertreten.
gut schreiben Sie hat bei dieser Arbeit gut geschrieben.	schwerfallen Das ist mir diesmal besonders schwergefallen.
Weitere Beispiele: groß schreiben (Schriftgröße) laut reden locker sitzen schnell laufen	Weitere Beispiele: bloßstellen (blamieren) richtigliegen (Recht haben) großschreiben (Anfangsbuchstabe) lockermachen (etwas hergeben)

WISSEN • WISSEN • WISSEN • WISSEN • WISSEN • WISSEN • WISSEN • WISSEN

Konjunktion? Adverb? Präposition?

Tipp: Wende grammatisches Wissen an!
Bei den folgenden Beispielen musst du zwischen einzelnen **Wortarten** unterscheiden:

- Eine unterordnende Konjunktion (wie *sobald, sofern, sooft*) leitet immer einen Nebensatz ein.
- Ein Adverb (wie *so oft, so lange*) gibt die näheren Umstände im Satz an.
- Eine Präposition (wie *seit*) fügt ein Satzglied in den Satz ein.

zusammen	getrennt
Sofern er kommt, erwartet sie ihn.	Er war gar nicht so fern.
Er telefonierte mit ihr, soweit dies möglich war.	Sie will nicht so weit laufen.
Die beiden sahen sich, sooft es nur ging.	Sie wollten sich so oft wie möglich sehen.
Sie mochten sich, seitdem sie sich kannten.	Sie hatten sich seit dem letzten Dienstag nicht gesehen.
Solange er denken konnte, wohnten sie in diesem Hause.	Die Zeit kam ihm so lange gar nicht vor.

Zusammen- und Getrenntschreibung im Text

Beispiel:

Die *Fingerabdrücke* einzelner Menschen *unterscheiden* sich *genau genommen* so deutlich *voneinander* wie einzelne Blätter oder *Schneeflocken*. Kein einziger *Fingerabdruck* sieht *haargenau* aus wie ein anderer. Noch nicht einmal die Abdrücke *eineiiger* Zwillinge gleichen *einander*. Bereits bei der Geburt besitzen unsere *Fingerkuppen* Linien, die sich bis zum Tode nicht ändern. Die Abdrücke dieser *Linienbilder* sind daher wichtig, um die Identität einer Person *zweifelsfrei festzustellen*.

Überprüfe hier, ob das Wissen sitzt

1 Getrennt oder zusammen? Achte auf die Bedeutung und verbinde, wenn notwendig.

a) Den Irrtum wollte er unbedingt mal richtig / stellen.

Die Uhr muss unbedingt mal richtig / gestellt werden.

b) Bei dieser Matheaufgabe hatte er völlig richtig / gelegen.

Heute Morgen hatte er keine Rückenschmerzen; offenbar hatte er in der Nacht richtig / gelegen.

c) Diese Zusammensetzung ist immer klein / zu / schreiben.

Du bekommst beim Schreiben zu wenig in eine Zeile; deshalb musst du klein / schreiben.

d) Bei dem heutigen Wettbewerb ist er wieder sehr schnell / gelaufen.

e) Der Arzt hat ihn für eine Woche krank / geschrieben.

f) Heute hat sie bei ihrem Vortrag völlig frei / gesprochen.

2 Unterstreiche in dem folgenden Text alle Zusammensetzungen (zusammengeschrieben).

Der Fischotter

Der Fischotter wurde jahrhundertelang gejagt, teils deshalb, weil er als Fischräuber galt, teil wegen seines schönen dichten Fells. Heute gehört der Fischotter zu den ganzjährig geschützten Tierarten. Im Wasser aufsteigende Luftblasen verraten oft, dass er da ist.

Man sieht manchmal, wie sich die feinperligen Blasen an der Wasseroberfläche entlangziehen, bis dann irgendwann der Otter auftaucht. Er hat einen ausgesprochen flachen Kopf und eine runde Schnauze mit Tasthaaren. Das niedliche Aussehen hat den Fischotter nicht davor bewahren können, zu einem der am meisten bedrohten Wassertiere zu werden.

Besonders der wunderschöne Pelz wurde ihm in der Vergangenheit oft zum Verhängnis.

1 a) richtigstellen / richtiggestellt oder richtig gestellt
b) richtiggelegen / richtig gelegen
c) kleinzuschreiben / klein schreiben
d) schnell gelaufen
e) krankgeschrieben
f) frei gesprochen

2 Zusammensetzungen: Fischotter, jahrhundertelang, Fischräuber, ganzjährig, Tierarten, aufsteigende, Luftblasen, manchmal, feinperligen, Wasseroberfläche, entlangziehen, irgendwann, auftaucht, ausgesprochen, Tasthaaren, Wassertiere, wunderschöne

Die wichtigsten Regeln der Getrennt- und Zusammenschreibung im Überblick

Getrenntschreibung (Wortgruppe)

Verb

- **Nomen (Substantiv) und Verb**
  Beispiele:
  Angst haben, Feuer fangen, Tango tanzen,
  Rat suchen, Glück haben. Abwechslung suchen,
  Not leiden, Rad fahren, Schlange stehen
- **Verb (Infinitiv/Partizip) und Verb**
  Beispiele:
  spazieren gehen (sie geht spazieren)
  laufen lernen (der Kleine hat gerade laufen gelernt)
  baden gehen (sie sind baden gegangen)
  getrennt schreiben (das Wort wird getrennt geschrieben)
  gefangen nehmen, gestört werden
- **Das Verb *sein* in Verbindung mit anderen Wörtern**
  Beispiele:
  da sein, fertig sein, pleite sein, vorbei sein, vorhanden sein, zufrieden sein, zurück sein
- **Verbindungen, die man auch als Zusammensetzung auffassen kann**
  Beispiele:
  Acht geben (auch als Zusammensetzung: achtgeben)
  Halt machen (auch: haltmachen)
  Maß halten (auch: maßhalten)
  Staub saugen (auch: staubsaugen)
  Dank sagen (auch: danksagen)

Die folgenden Wortgruppen

- außer dass, ohne dass, statt dass
- gar nicht, gar kein
- wie viel
- zu viel, zu wenig

Zusammenschreibung (Zusammensetzung)

Verb

- **Untrennbare Verben**
  Beispiele: frohlocken, liebkosen, vollenden, wetteifern
- **Zusammensetzungen mit den verblassten Nomen *heim-, irre-, preis-, stand-, statt-, teil-, wett-, wunder-***
  Beispiele: standhalten, wetteifern
- **Zusammensetzungen aus Partikel und Verb**
  Beispiele: abhandenkommen, ankommen, aushalten, herunterkommen, widersprechen, zugutekommen
- **Zusammensetzungen, in denen der erste Bestandteil für eine Wortgruppe steht**
  Beispiel: freudestrahlend (vor Freude strahlend)
- **Zusammensetzungen, in denen der erste oder zweite Bestandteil so nicht selbstständig vorkommt**
  Beispiele: letztmalig, redselig, vieldeutig
- **Zusammensetzungen mit einem bedeutungsverstärkenden Bestandteil**
  Beispiele: superschlau, todlangweilig
- **Zusammensetzungen aus Bestandteilen, deren Zugehörigkeit zu ihren ursprünglichen Wortarten oder -formen nicht mehr deutlich erkennbar ist**
  Beispiele: bergauf, bisweilen, irgendein, irgendwo

Adjektiv und Verb

- **Zusammensetzungen aus gleichrangigen Adjektiven,** das heißt, man könnte ein *und* zwischen beide setzen
  Beispiele: dummdreist, nasskalt
- **Zusammensetzungen aus Adjektiv und Verb,** wenn sich eine neue, übertragene Gesamtbedeutung ergibt
  Beispiele: sich breitmachen (viel Platz in Anspruch nehmen), nahebringen (verständlich machen), schiefgehen (misslingen)

Überprüfe hier, ob das Wissen sitzt

1 Hast du sorgfältig gelesen? Dann kannst du jetzt sicher zwischen Wortgruppen (getrennt geschrieben) und Zusammensetzungen (zusammengeschrieben) unterscheiden. Schreibe in die Klammern die jeweils richtige Schreibweise.

a) Dieses Wort muss man getrennt / schreiben

(____________________).

b) Er muss zurück / sein (____________________), bevor seine Eltern

kommen.

c) Ein guter Lehrer kann seinen Schülern auch schwierige Sachverhalte

nahe / bringen (____________________).

d) Bei der Fahrradtour ging es stunden / lang (____________________)

nur berg / auf (____________________).

e) Das war ein ein / maliges (____________________) Erlebnis.

f) Mein Fotoapparat ist mir abhanden / gekommen

(____________________).

g) Seine Idealvorstellungen sollte man nicht zu schnell preis / geben

(____________________).

2 Trage jeweils in die Lücken die richtige Schreibweise ein. Einmal sind zweierlei Schreibweisen möglich.

a) Es wurde jetzt bekannt, dass eine alte Frau jahre / lang

(____________________) ein Leben ohne Strom kennen / gelernt

(____________________) hatte.

b) Sie konnte zunächst gar / nicht (____________________) verstehen,

dass plötzlich kein Strom mehr in der Leitung war.

c) Irgend / wann (__________________) später erklärte sie sich diese Tatsache damit, dass ihr Stromanschluss wegen zu geringen Verbrauchs ab / geschaltet (__________________) worden war.

d) Zwei Jahr / zehnte (__________________) lang lebte sie mit Öl / lampen (__________________), Kerzen / licht (__________________) und Gas / ofen (__________________).

e) Auch auf Fernseher und Kühlschrank verzichtete sie zwangs / läufig (__________________).

f) Nach jahre / langem (__________________), strom / losem (__________________) Leben ist die Witwe nun wieder an das Stromnetz an / geschlossen (__________________).

1 a) getrennt schreiben
b) zurück sein
c) nahebringen
d) stundenlang, bergauf
e) einmaliges
f) abhandengekommen
g) preisgeben

2 a) jahrelang, kennen gelernt oder kennengelernt
b) gar nicht
c) Irgendwann, abgeschaltet
d) Jahrzehnte, Öllampen, Kerzenlicht, Gasofen
e) zwangsläufig
f) jahrelangem, stromlosem, angeschlossen

34

Getrennt- und Zusammenschreibung möglich

In einigen Fällen kann die Schreiberin oder der Schreiber selbst entscheiden, ob sie oder er Wortverbindungen als Zusammensetzung oder als Wortgruppe betrachtet. Hier lässt sich keine eindeutige Entscheidung darüber fällen.
Innerhalb eines Textes sollte aber konsequent nur eine Version verwendet werden. Hier ist eine Liste mit Beispielen für Begriffe mit zwei richtigen Schreibweisen zusammengestellt.
In Zweifelsfällen hilft der Blick ins Wörterbuch.

Schreibung als Zusammensetzung	Schreibung als Wortgruppe
wiederaufführen	wieder aufführen
wiedereinsetzen	wieder einsetzen
wiedereröffnen	wieder eröffnen
zueinanderfinden	zueinander finden
zueinanderpassen	zueinander passen
bekanntgeben	bekannt geben
bereiterklären	bereit erklären
feinmachen	fein machen
fertigwerden	fertig werden
freibekommen	frei bekommen
sich frischmachen	sich frisch machen
geringschätzen	gering schätzen
kleinschneiden	klein schneiden
liebgewinnen	lieb gewinnen
saubermachen	sauber machen
schlechtgehen	schlecht gehen
übelnehmen	übel nehmen
verlorengehen	verloren gehen
wachliegen	wach liegen
sich gehenlassen	sich gehen lassen
kennenlernen	kennen lernen

Schreibung als Zusammensetzung	Schreibung als Wortgruppe
achtgeben	Acht geben
haltmachen	Halt machen
maßhalten	Maß halten
brustschwimmen	Brust schwimmen
allgemeinverständlich	allgemein verständlich
halbleer	halb leer
schwerkrank	schwer krank
weitgehend	weit gehend
weitverzweigt	weit verzweigt
anstelle	an Stelle
aufgrund	auf Grund
aufseiten	auf Seiten
mithilfe	mit Hilfe
ein Achtelliter	ein achtel Liter
ein Viertelkilogramm	ein viertel Kilogramm
sodass	so dass
stattdessen	statt dessen

Überprüfe hier, ob das Wissen sitzt

1 Schreibe hier insgesamt acht Beispiele für Wortverbindungen auf, die man getrennt und zusammen schreiben kann. Notiere beide Möglichkeiten.

____

____

____

____

____

____

____

____

2 Kreise in jeder Reihe den Begriff ein, für den es eine zweite richtige Schreibung gibt.

a) aufeinanderprallen – reingolden – schwer löslich – Open Air

b) stundenlang – eislaufen – wahrmachen – weich klopfen

c) vollkritzeln – mithilfe – dunkelblau - leidtun

d) ein viertel Pfund – Angst haben – irgendetwas – bergab

e) liebkosen – frei bekommen – ausarbeiten – fernsehen

3 Setze die Silben dieser sechs Wörter von Seite 141 zusammen. Schreibe sie in beiden Versionen auf.

ver li schnei den tel statt auf
klein ten dass sei
so ach des weit zweigt sen ter

____

____

____

____

____

____

1 Schau in der Tabelle auf der vorigen Seite nach, ob du richtig eingetragen hast.

2 a) schwerlöslich
b) wahr machen
c) mit Hilfe
d) ein Viertelpfund
e) freibekommen

3 achtel Liter, Achtelliter
klein schneiden, kleinschneiden
so dass, sodass
weit verzweigt, weitverzweigt
auf Seiten, aufseiten
statt dessen, stattdessen

35

Schreibung mit Bindestrich

Bindestrich in Zusammensetzungen

Die Schreibung mit Bindestrich bietet die Möglichkeit, Wörter übersichtlich zu gliedern. Der Bindestrich erlaubt dem/der Schreibenden, in bestimmten Fällen anstelle der üblichen Zusammenschreibung die einzelnen Bestandteile als solche zu kennzeichnen und dadurch für die Leser deutlich zu machen.

Zusammengesetzte Wörter werden normalerweise ohne Bindestrich geschrieben.
Beispiele:
pulvertrocken, nasskalt, Schutzvorrichtung, Windschutzscheibe

Man **muss** einen Bindestrich setzen:

a) in Zusammensetzungen mit Einzelbuchstaben, Abkürzungen oder Ziffern
Beispiele:
4-silbig, 6-Tonner, der 18-Jährige, 2-zeilig, A-Dur, s-Laut, T-Shirt, UKW-Antenne, dpa-Meldung, Kfz-Werkstatt

b) in Aneinanderreihungen, insbesondere bei substantivisch (als Nomen) gebrauchten Infinitiven
Beispiele:
das Auf-die-lange-Bank-Schieben, das In-den-Tag-hinein-Träumen, das Von-der-Hand-in-den-Mund-Leben, das Entweder-oder, das Als-ob, das Sowohl-als-auch

c) in mehrteiligen Zusammensetzungen, in denen eine Wortgruppe oder Zusammensetzung mit Bindestrich auftritt
Beispiele:
A-Dur-Tonleiter, 5-Mark-Stück, 20-Pfennig-Briefmarke, 500-Jahr-Feier, Hals-Nasen-Ohren-Klinik, Kopf-an-Kopf-Rennen, Nord-Süd-Schiene, Mund-zu-Mund-Beatmung

Man **kann** einen Bindestrich setzen, um einzelne Wortbestandteile hervorzuheben, unübersichtliche Zusammensetzungen zu gliedern oder Missverständnisse zu vermeiden.
Beispiele:

Ich-Sucht, Ich-Erzählung (statt Ichsucht, Icherzählung)
Einkommensteuer-Tabelle, Kraftfahrzeug-Steuer
Kaffee-Ersatz, See-Elefant, Tee-Ecke

Beachte die unterschiedliche Bedeutung, die erst durch das Einfügen des Bindestrichs deutlich wird:

Druck-Erzeugnis/Drucker-Zeugnis
Musik-Erleben/Musiker-Leben

Bindestrich als Ergänzung

Wird bei Zusammensetzungen ein gemeinsamer Wortbestandteil ausgelassen, so wird als Ergänzung ein Bindestrich gesetzt.
Beispiele:

Ein- und Ausgang, bergauf und -ab, Geld- und andere Sorgen, saft- und kraftlos, ein- bis zweimal

Beachte aber die unterschiedliche Bedeutung, die einzelne Ausdrücke haben können. Je nach Bedeutung wird anders geschrieben:
ab- und zunehmen (abnehmen und zunehmen)/ab und zu nehmen (gelegentlich nehmen)

35

Überprüfe hier, ob das Wissen sitzt

1 Schreibe mit einem Bindestrich, um Bestandteile der Zusammensetzung hervorzuheben oder besser lesbar zu machen

a) Betttuch – ______________________

b) Kaffeeexport – ______________________

c) Vordenker – ______________________

d) Sollstärke – ______________________

e) Goetheausgabe – ______________________

f) Umsatzsteuertabelle – ______________________

g) Shoppingcenter – ______________________

h) Lottoannahmestelle – ______________________

2 Schreibe die folgenden Zusammensetzungen richtig auf. Setze die notwendigen Bindestriche; beachte die Großschreibung von Nomen.

a) kfzpapiere – ______________________

b) kmzahl – ______________________

c) xachse – ______________________

d) 200mlauf – ______________________

e) ipunkt – ______________________

f) amoll – ______________________

g) dpameldung – ______________________

h) dehnungsh – ______________________

i) 18jährig – ______________________

3 Setze die fehlenden Bindestriche bei den folgenden Aneinanderreihungen.

a) MundzuMundBeatmung – ______________________

b) Makeup – ______________________

c) RechtsLinksKombination – ______________________

d) JanuarFebruarAusgabe – ______________________

e) Das IndenTaghineinTräumen – ______________________

f) DoityourselfProgramm – ______________________

4 Setze den fehlenden Bindestrich als Ergänzung für einen ausgelassenen Wortbaustein wie im Beispiel: Hauptstraße und Nebenstraße – Haupt- und Nebenstraße

a) Eingang und Ausgang – ______________________

b) saftlos und kraftlos – ______________________

c) abnehmender und zunehmender Mond

– ______________________

d) bergauf und bergab – ______________________

1 a) Bett-Tuch
b) Kaffee-Export
c) Vor-Denker
d) Soll-Stärke
e) Goethe-Ausgabe
f) Umsatzsteuer-Tabelle
g) Shopping-Center
h) Lotto-Annahmestelle

2 a) Kfz-Papiere
b) km-Zahl
c) x-Achse
d) 200-m-Lauf
e) i-Punkt
f) a-Moll
g) dpa-Meldung
h) Dehnungs-h
i) 18-jährig

3 a) Mund-zu-Mund-Beatmung
b) Make-up
c) Recht-Links-Kombination
d) Januar-Februar-Ausgabe
e) Das In-den-Tag-hinein-Träumen
f) Do-it-yourself-Programm

4 a) Ein- und Ausgang
b) saft- und kraftlos
c) ab- und zunehmender Mond
d) bergauf und -ab

Fremdwörter

Grundsätzlich darf man Fremdwörter so schreiben, wie sie im Original (das heißt: in ihrer ursprünglichen Sprache) geschrieben werden.

Beispiele:

Phantasie, Photographie
Portemonnaie
charmant, chic
existentiell
Joghurt, Nougat

■ Fremdsprachige Schreibung – deutsche Schreibung

Bei etlichen Fremdwörtern ist die Schreibweise dem Deutschen angepasst worden. Beide Schreibweisen sind erlaubt.

Fremdsprachige Schreibweise		Deutsche Schreibweise	
ch	charmant, Charme	**sch**	scharmant, Scharm
c	Creme	**k**	Krem(e)
é	Coupé	**ee**	Kupee
gh	Spaghetti	**g**	Spagetti
ph	Delphin Geographie	**f**	Delfin Geografie
th	Panther	**t**	Panter
ch	Ketchup	**sch**	Ketschup
c	Disco Club	**k**	Disko Klub
é **aie**	Varieté Portemonnaie	**ee**	Varietee Portmonee
ai	Mayonnaise	**ä**	Majonäse

Fremdsprachige Schreibweise		Deutsche Schreibweise	
tiell	existentiell	**ziell**	existenziell
ph	Photographie Phantasie	**f**	Fotografie Fantasie
ou	Nougat	**u**	Nugat

Weitere Grundsätze für die Schreibung von Fremdwörtern

a) Anders als in deutschen Wörtern folgt in manchen Fremdwörtern nach einem betonten kurzen Vokal nur ein einzelner Konsonant, kein verdoppelter.

Beispiele:

Chi**p**, fi**t**, Mi**n**i

b) In einigen Fremdwörtern wird der Konsonant verdoppelt, auch dann, wenn der vorausgehende Vokal nicht betont ist.

Beispiele:

a**kk**urat, Di**ff**erenz, Gra**mm**atik, kontro**ll**ieren, ko**rr**ekt

c) Statt ck steht in Fremdwörtern nach einem kurzen Vokal ein einfaches k, manchmal auch ein kk.

Beispiele:

Do**k**tor, Ta**k**t, Diale**k**t
A**kk**usativ, Sa**kk**o, A**kk**u

d) Statt tz steht in Fremdwörtern nach einem kurzen Vokal zz.

Beispiele:

Pi**zz**a, Ra**zz**ia, Ski**zz**e

e) In Fremdwörtern wird das im Inlaut lang ausgesprochene [i] häufig durch den Buchstaben **i** wiedergegeben; am Wortende wird das lang ausgesprochene [i] oft durch **-ie, -ier, -ieren** wiedergegeben.

Beispiele:

Maschine, Violine, Krokodil, Ventil, Stativ, Vitamine
Deponie, Harmonie, Sinfonie, Spalier, garnieren

f) In Fremdwörtern schreibt man v für den Laut [w].

Beispiele:

Vase, Initiative

Überprüfe hier, ob das Wissen sitzt

1 Übertrage die folgenden (korrekten) fremdsprachigen Schreibweisen in die eingedeutschte Schreibung.

a) Charme – ______________________

b) Telephon – ______________________

c) Photographie – ______________________

d) Mikrophon – ______________________

e) Panther – ______________________

f) Delphin – ______________________

g) Spaghetti – ______________________

2 Schreibe zu der bereits eingedeutschten Schreibung die (auch erlaubte) fremdsprachige Schreibweise auf.

a) kontra – ______________________

b) zirka – ______________________

c) Klub – ______________________

d) Majonäse – ______________________

e) Portmonee – ______________________

f) Grafik – ______________________

g) Biografie – ______________________

h) passee – ______________________

i) chic – ______________________

3 Der weitaus größte Teil der Fremdwörter ist noch nicht (vollständig) an die deutsche Sprache angeglichen. Füge für jeden Strich den richtigen Buchstaben ein. Diese Buchstaben/Buchstabengruppen musst du einsetzen: **ff, h, i, ie, ih, kk, v, v, zz**

a) Re__olution

b) Stati__

c) gratul____ren

d) Pi____a

e) Sa____o

f) A____usativ

g) P__ilosop__

h) Viol__ne

i) Di____erenz

j) Spal____r

1 a) Scharm
b) Telefon
c) Fotografe
d) Mikrofon
e) Panter
f) Delfin
g) Spagetti

2 a) contra
b) circa
c) Club
d) Mayonnaise
e) Portemonnaie
f) Graphik
g) Biographie
h) passé
i) schick

3 a) Revolution
b) Stativ
c) gratulieren
d) Pizza
e) Sakko
f) Akkusativ
g) Philosoph
h) Violine
i) Differenz
j) Spalier

37

Worttrennung am Zeilenende

a) Mehrsilbige Wörter trennt man nach Sprechsilben, die man bei langsamem, betontem Sprechen hören kann.

Beispiele:

Bä-cker, Bau-er, has-tig, Kennt-nis, ken-nen-ler-nen, Kap-sel, Ru-i-ne, Ei-er, na-iv, Zip-fel

Dabei kommt, falls vorhanden, ein Konsonant auf die nächste Zeile. Bei mehreren Konsonanten trennt man nur den letzten ab.

Beispiele:

bei-ßen, El-tern, es-sen, Fens-ter, imp-fen, knusp-rig

Beachte: Einzelne Vokalbuchstaben am Wortanfang oder -ende trennt man nicht ab.

Beispiel:

nicht: A-bend

b) Einsilbige Wörter kann man nicht trennen.

Beispiele:

oft, Huhn, Land

c) Buchstabenverbindungen, die für **einen** Konsonanten stehen, trennt man nicht: ch, sch, ph, rh, th, ck.

Beispiele:

su-chen, wa-schen, Ste-phan, Stro-phe, Zi-ther, Zu-cker

d) Zusammensetzungen und Wörter mit Präfix (Vorsilbe) trennt man zwischen den einzelnen Bestandteilen; die Bestandteile trennt man weiter nach Sprechsilben.

Beispiele:

Er-trag, zu-sam-men, pro-gram-mie-ren, See-u-fer, Papp-pla-kat, Heim-weg, In-stanz, Pro-gramm

e) Wörter, die nicht mehr als Zusammensetzungen empfunden werden, kann man auf zweierlei Weise trennen.

Beispiele:

da-rum/dar-um
ei-nan-der/ein-an-der
he-ran/her-an
he-run-ter/her-un-ter
hi-nauf/hin-auf
vo-raus/vor-aus
wa-rum/war-um

f) Worttrennung bei Fremdwörtern
Wie deutsche Wörter kann man auch Fremdwörter auf unterschiedliche Weise trennen.

Beispiele:

Hektar: Hekt-ar/Hek-tar
Magnet: Mag-net/Ma-gnet
Quadrat: Quad-rat/Qua-drat
noble: nob-le/no-ble
interessant: in-ter-es-sant/in-te-res-sant
Pädagoge: Päd-a-go-ge/Pä-da-go-ge

Tipps:

- Sinnvoll trennen!
  Beispiele:
  Blumentopf-erde (nicht: Blumentopfer-de),
  Musik-erleben oder Musiker-leben?, Drucker-zeugnis oder Druck-erzeugnis?
- Faustregel beachten!
  Treffen mehrere Konsonanten zusammen, so kommt bei der Trennung nur der letzte Konsonant auf die neue Zeile.
  Beispiele:
  Ängs-te, Fens-ter, Kennt-nis, Strümp-fe

Überprüfe hier, ob das Wissen sitzt

1 Trenne die folgenden Wörter nach Sprechsilben.

a) Freundin – ____________________

b) Freundschaft – ____________________

c) verbessern – ____________________

d) Knospe – ____________________

e) Großvater – ____________________

f) Schwestern – ____________________

g) Wipfel – ____________________

h) Feierabend – ____________________

i) Hotelterrasse – ____________________

j) holprig – ____________________

2 Trenne auf zweierlei Weise.

a) warum – ____________________

b) voraus – ____________________

c) interessant – ____________________

d) Pädagoge – ____________________

3 Trenne an einer der angegebenen Stellen sinnvoll, das heißt im Sinne der in der Klammer angegebenen Bedeutung.

a) Druck/er/zeugnis (Produkt des Druckens)

___

b) Ur/in/stinkt (uralter Instinkt)

___

c) An/al/phabet (jemand, der nicht lesen und schreiben kann)

___

d) Blumento/pf/erde (Erde für Blumentopf)

___

e) be/in/halten (inhaltlich enthalten)

___

f) Spar/gel/der (Geld zum Sparen)

___

1 a) Freun-din
b) Freund-schaft
c) ver-bes-sern
d) Knos-pe
e) Groß-va-ter
f) Schwes-tern
g) Wip-fel
h) Fei-er-abend
i) Ho-tel-ter-ras-se
j) holp-rig

2 a) wa-rum, war-um
b) vor-aus, vo-raus
c) in-ter-es-sant, in-te-res-sant
d) Pä-da-go-ge, Päd-a-go-ge

3 a) Druck-erzeugnis
b) Ur-instinkt
c) An-alphabet
d) Blumentopf-erde
e) be-inhalten
f) Spar-gelder

Zeichensetzung

Satzzeichen und ihre Regeln sind Bestandteile der Rechtschreibung, sie helfen mit, einen Text übersichtlich und lesbar zu gestalten und Missverständnisse zu verhindern. Sie können außerdem eine bestimmte Aussageabsicht des Schreibers/der Schreiberin ausdrücken. Deshalb gibt es manchmal mehrere Möglichkeiten.

■ Satzschlusszeichen

Der Schluss ganzer Sätze kann durch unterschiedliche Satzzeichen gekennzeichnet werden.
Eine Aussage oder Feststellung wird in einem Aussagesatz ausgedrückt. Dieser endet mit einem **Punkt.**

Beispiele:

Gestern war ich nicht da.
Ich heiße Johanna Leifeld.
Die Katze lief auf der Mauer entlang.

Eine Aufforderung, ein Ausruf oder Wunsch wird in einem Aufforderungssatz, einem Ausrufe- oder Wunschsatz ausgedrückt. Diese Sätze enden mit einem **Ausrufezeichen.**

Beispiele:

Gib mir das Heft, bitte!
Schluss jetzt!
Prima!
Wenn es doch endlich schön würde!

Eine Frage formuliert man in einem Fragesatz, der mit einem **Fragezeichen** endet.

Beispiele:

Kommst du heute?
Wer spielt mit?
Warum bist du zu spät gekommen?

Punkt, Komma, Semikolon, Gedankenstrich

Will man mehrere Hauptsätze miteinander verbinden bzw. aufeinander beziehen, so kann man unterschiedliche Möglichkeiten wählen, je nachdem, wie stark man die Sätze inhaltlich voneinander abgrenzen will.

Beispiele:

Punkt: In der Schule war noch niemand. Ich ging langsam hinein.
Komma: In der Schule war noch niemand, ich ging langsam hinein.
Semikolon: In der Schule war noch niemand; ich ging langsam hinein.
Gedankenstrich: In der Schule war noch niemand – ich ging langsam hinein.

Doppelpunkt

Mit dem Doppelpunkt kündigt man an, dass etwas folgt.
Dabei kann es im Einzelnen gehen um:

- wörtlich wiedergegebene Äußerungen (wörtliche Rede)
  Beispiel:
  Sie fragte: „Bis wann soll das Referat fertig sein?"
- angekündigte Sätze, Satzstücke oder Angaben in Formularen
  Beispiele:
  Das Sprichwort heißt: Was ich nicht weiß, macht mich nicht heiß.
  Diagnose: Mandelentzündung
  Deutsch: befriedigend
- angekündigte Aufzählungen
  Beispiel:
  Heute Nachmittag erwartet er die folgenden Mitschülerinnen und Mitschüler: Pia, Jana, Boris, Linus.
- Sätze, die etwas vorher Geschriebenes in einem Ausdruck zusammenfassen
  Beispiel:
  Musik, Sport, Tanz: All das macht meinem Bruder viel Spaß.

Überprüfe hier, ob das Wissen sitzt

1 Ordne die folgenden Regeln zum Doppelpunkt den unten stehenden Beispielen zu.

a) Der Doppelpunkt kündigt wörtliche Rede an.

b) Der Doppelpunkt kündigt Sätze, Satzstücke oder Angaben an.

c) Der Doppelpunkt kündigt Aufzählungen an.

d) Der Doppelpunkt steht vor einer Zusammenfassung.

- [ ] Französisch, Englisch, Deutsch: Das sind meine Lieblingsfächer.
- [ ] Johanna fragt ihre beste Freundin Malena: „Kommst du heute mit zum Schwimmen?“
- [ ] Die Lösung heißt: Der Flächeninhalt beträgt 120 m^2.
- [ ] Es fehlen heute: Frau Anders, Herr Iser, Frau Rodenbach.

2 Setze die richtigen Satzzeichen; kennzeichne in der Klammer mit: Aussagesatz (Auss.), Fragesatz (Fr.), Aufforderungssatz (Auff.), Ausrufesatz (Ausr.), Wunschsatz (W.)

a) Lass das sein (__________)

b) Heute ist ein besonders schönes Wetter (__________)

c) Das ist ja ganz phantastisch (__________)

d) Kommst du mit (__________)

e) Wenn wir doch schon Ferien hätten (__________)

f) Wer leiht mir mal seinen Radiergummi (__________)

g) Komm doch bitte mit zur Bücherei (__________)

3 Setze in folgendem Text die fehlenden Satzzeichen.

Wie wäre es mit einem Zaubertrick

Du brauchst ein Blatt Papier, Lineal, Kleber und eine Schere

Das bereitest du vor Schneide das Papier längs in 4 cm breite Streifen

Klebe die Streifen zu einem langen Band aneinander

Drehe das Band einmal um sich selbst, bevor du es zu einem Ring zusammenklebst

Diesen Ring zeigst du deinen Zuschauern

Simsalabim

Jetzt schneidest du den Ring durch es entsteht ein riesengroßer Ring

Wetten, dass die Zuschauer zwei Ringe erwarteten

1 von oben nach unten: d – a – b – c

2 a) Ausrufezeichen (Auff.)
b) Punkt (Auss.)
c) Ausrufezeichen (Ausr.)
d) Fragezeichen (Fr.)
e) Punkt (W.)
f) Fragezeichen (Fr.)
g) Ausrufezeichen (Auff.)

3 Wie wäre es mit einem Zaubertrick?
Du brauchst: ein Blatt Papier, Lineal, Kleber und eine Schere.
Das bereitest du vor: Schneide das Papier längs in 4 cm breite Streifen!
Klebe die Streifen zu einem langen Band aneinander!
Drehe das Band einmal um sich selbst, bevor du es zu einem Ring zusammenklebst!
Diesen Ring zeigst du deinen Zuschauern. Simsalabim!
Jetzt schneidest du den Ring durch; (oder Komma) es entsteht ein riesengroßer Ring.
Wetten, dass die Zuschauer zwei Ringe erwarteten? (oder Ausrufezeichen)

39

Komma bei Aufzählungen und entgegenstellenden Konjunktionen

■ Komma bei Aufzählungen

Mit dem Komma kann man gleichrangige Wörter, Wortgruppen und Sätze voneinander abgrenzen bzw. aufeinander beziehen. Sind die gleichrangigen Teile der Aufzählung durch die Bindewörter *und, oder, sowie* verbunden, so entfällt in aller Regel das Komma.

a) Gleichrangige Wörter: Sie liest gerne Krimis, Liebesgeschichten und Abenteuerromane.

   Beachte: Das **Semikolon** trennt in Aufzählungen einzelne Gruppen gleichrangiger Wörter stärker als das Komma.
   Beispiel:

   Jan kaufte heute Morgen eine Menge: zwei Hefte, einen Füller, einen Radiergummi; zwei Apfelsinen, drei Äpfel; ein halbes Brot, zwei Brötchen, eine Brezel.

b) Gleichrangige Wortgruppen: In den Ferien will er in die Berge fahren, mit seinem Freund wandern, eine Woche faulenzen.

c) Gleichrangige Sätze: Ich habe sie besucht, wir haben ein Glas Tee getrunken und ich bin dann wieder gegangen. Seid ihr einverstanden oder habt ihr noch Einwände?

   Beachte: Ein Komma **kann** gesetzt werden: Bei gleichrangigen Teilsätzen kann man ein Komma vor *und* setzen, um die Gliederung des Gesamtsatzes deutlich zu machen und Missverständnisse zu vermeiden.
   Beispiele:

   Sie traf sich mit ihrer Freundin(,) **und** deren Bruder kam auch mit.
   Er fotografiert seinen Freund(,) **und** seine Freundin schaut zu.
   Man könnte ohne Komma auch zunächst lesen:
   Sie traf sich mit ihrer Freundin und deren Bruder ...

Komma vor entgegenstellenden Konjunktionen

Man setzt ein Komma, wenn entgegenstellende Konjunktionen wie *aber, doch, jedoch, sondern* zwischen gleichrangigen Wörtern, Wortgruppen oder Sätzen stehen.

Beispiele:

Ich komme mit, **aber** nicht heute.
Wir fahren nicht nur bei Sonnenschein, **sondern** auch bei schlechtem Wetter.

Komma zwischen Hauptsätzen

Gehören Hauptsätze inhaltlich zusammen, können sie durch das Komma zu gleichrangigen (nebengeordneten) Teilsätzen eines ganzen Satzes verbunden werden. Man spricht dann von einer **Satzreihe.**

Beispiel:

Paulina geht jetzt schon auf den Pausenhof, Steffen folgt ihr.

Das Komma wird auch gesetzt, wenn die beiden Hauptsätze durch entgegenstellende Konjunktionen verbunden sind wie *aber, sondern, doch, jedoch* oder durch nebenordnende Konjunktionen wie *daher, dennoch, trotzdem.*

Beispiele:

Paulina geht auf den Pausenhof, **aber** Steffen folgt ihr nicht.
Paulina geht heute allein auf den Pausenhof, **daher** folgt Steffen ihr.
Pia ist nicht besonders gut in Mathe, **trotzdem** hat sie eine Zwei geschafft.

Beachte: Werden die Hauptsätze durch *und, oder, beziehungsweise (bzw.), entweder-oder, weder-noch* verbunden, steht dem Schreiber frei, ob er ein Komma setzt oder nicht. Er kann ein Komma setzen, um die Gliederung des Satzes zu verdeutlichen.

Beispiele:

Das Vorbereitungsteam für die Klassenfete trifft sich im Zeichensaal(,) **und** sie besprechen dort, was jeder mitbringen soll. Georg wird sich um die Getränke kümmern(,) **oder** er besorgt eine Musikanlage.

Überprüfe hier, ob das Wissen sitzt

1 Setze bei den folgenden Aufzählungen die Kommas.

a) Sie hat heute morgen und übermorgen Reitstunde.

b) In Mathematik Physik Chemie und Erdkunde ist Benjamin gut in Französisch Englisch und Deutsch nur mittelmäßig.

c) Jan spielt gerne Fußball ist ein begeisterter Schachspieler und Lesen gehört auch zu seinen Lieblingsbeschäftigungen.

d) Er sah sie an sie sah ihn an sie schauten sich tief und lange in die Augen und schon war es um sie geschehen.

2 In den folgenden Sätzen fehlt jeweils ein Komma.

a) Moritz möchte heute Morgen ins Schwimmbad fahren aber nur bei schönem Wetter

b) Marisa will sich mit ihrer Freundin treffen aber nicht vor drei Uhr.

c) Jakob leiht Hanna ein Buch jedoch will er es bald wieder zurückhaben.

d) In diesem Jahr fährt Emmi nicht mit ihren Eltern zur Nordsee sondern sie will mit ihren Freunden eine Fahrradtour machen.

3 Teile die Hauptsätze jeweils durch ein Komma ab.

a) Greta möchte Reitstunden nehmen doch ihre Freundin interessiert nur Wasserski.

b) Heute morgen regnet es trotzdem wollen die beiden Freunde losfahren.

c) Karlo hat eine Fünf in Mathe geschrieben doch das war offenbar nur ein Ausrutscher.

d) Lisa schlägt eine neue Lektüre vor Oskar stimmt ihr zu.

e) Kati hat sich gestern beim Sport verletzt daher kann sie heute nicht mitlaufen.

f) Kaspar und Felix verstehen sich gut doch manchmal gibt es Krach zwischen ihnen.

1 a) heute, morgen und übermorgen
b) In Mathematik, Physik, Chemie und Erdkunde ist Benjamin gut, in Französisch, Englisch und Deutsch ...
c) ... Fußball, ist ein begeisterter Schachspieler und ...
d) Er sah sie an, sie sah ihn an, sie schauten ...

2 a) ... fahren, aber nur ...
b) ... treffen, aber ...
c) ... ein Buch, jedoch ...
d) ... zur Nordsee, sondern ...

3 a) ... nehmen, doch...
b) ... regnet es, trotzdem ...
c) ... geschrieben, doch...
d) ... vor, Oskar ...
e) ... verletzt, daher ...
f) ... gut, doch ...

40

Komma zwischen Hauptsatz und Nebensatz

Sind Hauptsatz und Nebensatz in einem Satz aufeinander bezogen und ineinandergefügt, spricht man von **Satzgefüge.** In einem Satzgefüge werden Hauptsatz und Nebensatz immer durch Komma voneinander getrennt.

Der Nebensatz kann vorn stehen, er kann hinten stehen oder er kann in der Mitte stehen.

Beispiele:

Nebensatz hinten: Sie fährt mit der Straßenbahn, weil ihr Fahrrad einen Platten hat.

Nebensatz vorn: Weil ihr Fahrrad einen Platten hat, fährt sie mit der Straßenbahn.

Nebensatz in der Mitte: Sie fährt, weil ihr Fahrrad einen Platten hat, mit der Straßenbahn.

Beachte bei einem in der Mitte stehenden Nebensatz das Komma **vor und nach** dem Nebensatz!

■ Arten von Nebensätzen

Die beiden wichtigsten Nebensatz-Arten sind folgende:

a) **der konjunktionale Nebensatz (Konjunktionalsatz)**

Dieser Nebensatz wird eingeleitet durch eine **unterordnende Konjunktion** (Bindewort); damit wird der Nebensatz dem Hauptsatz (oft auch Trägersatz oder Basissatz genannt) untergeordnet.

Beispiel:

Hauptsatz	**Konjunktion**
Er geht nach Haus,	↓
	weil er sich geärgert hat.
	Nebensatz

Weitere Beispiele:

Ich hoffe, **dass** du kommst.

Nachdem sie ihm die Meinung gesagt hat, ist er beleidigt.

b) der Relativsatz

Dieser Nebensatz wird durch ein **Relativpronomen** (bezügliches Fürwort) eingeleitet. Das Relativpronomen bezieht den Nebensatz auf den Hauptsatz.

Der Relativsatz kann hinter dem Hauptsatz stehen oder er kann in den Hauptsatz eingefügt sein.

Beispiele:

Relativpronomen

Tina besucht heute Mark, ↓

den sie lange nicht gesehen hat.

Das Buch, ist sehr spannend.

das du mir geliehen hast,

Beachte: Vor *und* steht ein Komma, wenn ein eingeschobener Nebensatz vorausgeht.

Beispiel:

Karina, die heute leider keine Zeit hat, und ihre Freundin Pia wollten eigentlich in die Disko gehen.

Auch die beiden folgenden Formen von Nebensätzen tauchen häufig auf.

c) Nebensatz mit w-Fragewort

Beispiele:

Er wusste nicht,

wann sie kommt.

Sie fragt ihn,

wo er wohnt.

d) Indirekte Rede in der Funktion eines Nebensatzes

Die indirekte Rede wird durch Komma vom Begleitsatz abgegrenzt.

Beispiel:

Er meinte, sie solle jetzt besser gehen.

Nebensätze kann man oft auch daran erkennen, dass in ihnen das flektierte (gebeugte) Verb am Schluss steht.

Beispiel:

Er weiß noch nicht, wann sie kommt.

40

Überprüfe hier, ob das Wissen sitzt

1 Setze in dem folgenden Text die Kommas zwischen Hauptsatz und konjunktionalem Nebensatz.

Unterstreiche die Hauptsätze (HS), kennzeichne die Nebensätze (NS) durch Unterstricheln.

a) Heute will Hanna ihre Freundin Luisa fragen ob sie mit in den Zoo fährt.

b) Da Senta gerne mitkommen will verabreden sie sich für den nächsten Morgen.

c) Nachdem sich beide Mädchen noch einmal ihre Räder angeschaut haben geht es schon früh los in Richtung Zoo.

d) Als sie nach einer Stunde Fahrt den Parkplatz vor dem Zoo erreichen stellen sie dort ihre Räder ab.

e) An der Kasse stellen sich die beiden Mädchen sofort an sodass sie bereits nach fünfzehn Minuten im Zoogelände sind.

f) Weil Hanna die Vorführung mit den Delfinen sehen will müssen sie sich beeilen.

g) Als es den beiden vor dem Delfinarium ziemlich heiß geworden ist kaufen sie sich noch schnell ein Eis.

h) Sie sitzen kaum als die Vorführung schon beginnt.

2 Setze die Kommas zwischen Hauptsatz und Relativsatz (Nebensatz). Unterstreiche jeweils den Hauptsatz; kennzeichne den Nebensatz durch Unterstricheln.

a) Lars schreibt seinem Freund den er im letzten Urlaub kennen gelernt hat.

b) Katrin die einige Tage gefehlt hat ist heute wieder da.

c) Endlich sind die Ferien da auf die sich alle gefreut haben.

d) Der Neue der von allen aufmerksam beobachtet wird hat sich schnell an die neue Klasse gewöhnt.

3 Setze das Komma zwischen Hauptsatz und Nebensatz. Kennzeichne den Hauptsatz durch Unterstreichen und den Nebensatz durch Unterstricheln.

a) Sie fragt ihn wie es ihm geht.

b) Sie weiß noch nicht wann sie kommt.

c) Er bittet seine Freundin sie solle möglichst um drei kommen.

d) Sie erklärt sie könne sich noch nicht festlegen.

1 a) Heute ... fragen (HS), ob ... (NS)
b) Da ... will (NS), verabreden ... (HS)
c) Nachdem ... angeschaut haben (NS), geht es ... (HS)
d) Als sie ... erreichen (NS), stellen sie ... (HS)
e) An der Kasse ... sofort an (HS), sodass ... (NS)
f) Weil ... sehen will (NS), müssen sie ... (HS)
g) Als ... geworden ist (NS), kaufen sie ... (HS)
h) Sie sitzen kaum (HS), als ... (NS)

2 a) Lars schreibt seinem Freund, den er ...
b) Katrin, die einige Tage gefehlt hat, ist ...
c) Endlich sind die Ferien da, auf die sie sich ...
d) Der Neue, der von allen aufmerksam beobachtet wird, hat sich ...

3 a) Sie fragt ihn, wie es ihm geht.
b) Sie weiß noch nicht, wann sie kommt.
c) Er bittet seine Freundin, sie solle möglichst um drei kommen.
d) Sie erklärt, sie könne sich noch nicht festlegen.

41

Komma bei Einschüben oder Zusätzen

Einschübe oder Zusätze grenzt man durch Komma vom Hauptsatz ab.

Beispiele:

Yvonne, **die Klassenbuchführerin,** hat eine Eintragung vergessen.
Eines Tages, **es war ein Mittwoch,** stand sie vor der Tür.
Tina, **meine beste Freundin,** hat mich heute sehr enttäuscht.
Er ist gut in Mathe, **besonders in der Prozentrechnung.**
Er, **ohne richtig hinzuhören,** redete die ganze Zeit.
Jana, **spritzig und schnell,** gewann das Match.

Die Klasse, **von der Stimme des Erzählers gebannt,** hörte interessiert zu.
Die Klasse hörte interessiert zu, **von der Stimme des Erzählers gebannt.**

Beachte: Vor *und* steht ein Komma, wenn ein Einschub vorausgeht.
Beispiel:

Sie sah Jan auf einer Fete, **es war reiner Zufall,** und sie war auf der Stelle in ihn verliebt.

Zusätze oder Nachträge kann man auch mit einem Gedankenstrich abgrenzen. Mit diesem Zeichen kennzeichnet man stärker als mit dem Komma, dass man etwas als Zusatz oder Nachtrag verstanden wissen möchte.
Komma: Eines schönen Tages, es war damals sehr heiß, kam Sara zu Besuch.
Gedankenstrich: Eines schönen Tages – es war damals sehr heiß – kam Sara zu Besuch.

Manchmal liegt es im Ermessen des Schreibenden, ob er etwas als Nachtrag oder Zusatz kennzeichnen will oder nicht.
Beispiele:

Er fing(,) trotz aller guten Vorsätze(,) wieder mit der alten Geschichte an.
Sie hat sich(,) den ganzen Nachmittag über(,) mit dieser Frage beschäftigt.

Komma bei Anreden, Ausrufen, hervorgehobenen Stellungnahmen

Eine Anrede, ein Ausruf (mit einem Empfindungswort, z. B. aua, bäh) oder eine Stellungnahme kann vorangestellt, nachgestellt oder eingeschlossen sein und wird jeweils mit Komma abgetrennt.

Beispiele:

Pia, nun sei doch mal still!
Kommst du wirklich nicht mit, **Jan?**
Aua, das tat aber weh!
Darauf kann ich mich nicht einlassen, **leider.**
Komm doch mit, **bitte!**
Ich sende dir, **liebe Conni,** herzliche Feriengrüße.
Nein, das darfst du nicht!

Komma bei Infinitivgruppen

a) die Infinitivgruppe ist mit *um, ohne, anstatt, statt, außer, als* eingeleitet

Beispiel:

Er kam, *um* mich zu besuchen.

b) die Infinitivgruppe hängt von einem Nomen/Substantiv ab.

Beispiele:

Sie hält sich an das Versprechen, heute *zu* kommen.
Er übernimmt heute die Aufgabe, für Musik *zu* sorgen.

c) Die Infinitivgruppe hängt von einem Verweiswort ab

Beispiele:

Darauf, sie ins Kino einzuladen, kam er nicht. Er kam nicht darauf, sie ins Kino einzuladen. Mit ihm spazieren *zu* gehen, darauf freute sie sich.
Sein größter Wunsch ist es, in den großen Ferien seine Tante in Kanada *zu* besuchen. Sie dachte gar nicht daran, mit ihm *zu* kommen, und lief weg.

Beachte: Bei den Fällen b) und c) kann das Komma bei einem einfachen Infinitiv entfallen:
Er hatte die Aufgabe(,) *zu kochen.* Sie dachte nicht daran(,) *zu gehen.*

Überprüfe hier, ob das Wissen sitzt

1 Trenne die Einschübe oder Zusätze durch ein Komma vom übrigen Satz ab.

a) Lukas ein Freund von mir besucht mich heute Abend.

b) Sie ist in den Sprachen gut vor allem in Französisch.

c) Eines schönen Tages es war an einem Sonntag sah er sie plötzlich wieder.

d) Ihr Kater Moppel mehrere Tage verschwunden tauchte auf einmal wieder auf.

e) Auf unserer nächsten Schüler-Versammlung nämlich am Mittwoch werde ich diese Sache ansprechen.

f) Er fragte sie es war in der Pause und sie sagte sofort „ja“.

2 Trenne in den folgenden Sätzen die Ausrufe, Anreden, Stellungnahmen durch ein Komma vom übrigen Satz ab.

a) Ja das habe ich gemeint.

b) Lass doch diese Scherze Luisa!

c) Das ist mir jetzt wirklich zu viel glaub mir!

d) Sehr geehrter Herr Andersen ich möchte mich hiermit für mein gestriges Fehlen entschuldigen.

e) Wie das hast du noch nicht gesehen?

f) Komm mit Jonas!

3 Setze jeweils das Komma bei den folgenden Infinitivgruppen.

a) Sie verspricht ihm ihre Teilnahme ohne dabei zu zögern.

b) Der Lehrer erteilt ihm den Auftrag die Arbeitsblätter einzusammeln.

c) Sie freut sich darauf mit ihrer Freundin wegzufahren.

d) Es ist sein größter Traum einmal in die USA zu fliegen.

e) Sie denkt gar nicht daran seine Einladung anzunehmen.

f) Zu reiten das ist ihr größtes Vergnügen.

1 a) Lukas, ein Freund von mir, besucht …
b) … gut, vor allem …
c) … Tages, es war an einem Sonntag, sah …
d) … Moppel, mehrere Tage verschwunden, tauchte …
e) … Schüler-Versammlung, nämlich am Mittwoch, werde ich …
f) … fragte sie, es war in der Pause, und …

2 a) Ja, das …
b) … diese Scherze, Luisa!
c) … zu viel, glaub mir!
d) … Herr Andersen, ich …
e) Wie, das …?
f) Komm mit, Jonas!

3 a) … ihm, ihre Teilnahme, ohne …
b) … den Auftrag, die Arbeitsblätter …
c) … darauf, mit ihrer Freundin …
d) … größter Traum, einmal …
e) … nicht daran, seine …
f) Zu reiten, das …

Komma? Kein Komma?

Manchmal kommt es auf den Zusammenhang im Satz an, ob man ein Komma setzt oder nicht. Dies bleibt dann dem/der Schreibenden überlassen.

Formelhafte Nebensätze

Bei formelhaften Nebensätzen kann man das Komma weglassen.

Beispiele:

Ich komme(,) falls notwendig(,) heute Nachmittag.
Wie bereits gesagt(,) bin ich pünktlich.

Missverständnisse vermeiden

Manchmal setzt man ein Komma, um Missverständnisse zu vermeiden.

Beispiele:

Er freut sich, auch wenn sie nur eine Karte schreibt.
Er freut sich auch, wenn sie nur eine Karte schreibt.

Sie riet, ihrem Bruder zu helfen.
Sie riet ihrem Bruder, zu helfen.

Paula erhält das Buch, nicht aber Georg.
Paula erhält das Buch nicht, aber Georg.

Jana behauptet, Steffi spiele heute sehr schlecht.
Jana, behauptet Steffi, spiele heute sehr schlecht.

Er will, sie nicht.
Er will sie nicht.

Sätze gliedern

Das Komma kann gesetzt werden zur Verdeutlichung der Gliederung eines längeren Satzes, damit die Lesbarkeit erhöht wird. Dies betrifft vor allem Sätze mit Infinitiv- und Partizipgruppen oder Sätze, die durch *und, oder, beziehungsweise (bzw.), entweder – oder, weder – noch* verbunden sind.

Beispiele:

Bei dem folgenden Satz muss man kein Komma setzen:
Sie wartet auf Tim(,) und Boris holt schon mal Karten.

Mit dem Komma wird jedoch sofort die Gliederung des Satzes deutlich. Ohne Komma würde man vielleicht zunächst verstehen: Sie wartet auf Tim und Boris ...

Er hatte sich gedacht(,) an diesem Wochenende einen Kultfilm zu besuchen und vielleicht auch noch Katharina und Anna darauf anzusprechen.
Entweder du kommst(,) oder du schreibst einen Brief.
Wir warten auf euch(,) oder die anderen gehen schon voraus.

Komma bei einfachem Infinitiv

Das Komma kann gesetzt werden bei einem einfachen Infinitiv, der von einem Nomen oder Verweiswort abhängt.
Beispiele:

Er übernimmt die Aufgabe(,) zu kochen.
Sie gibt das Versprechen ab(,) zu kommen.
Er denkt nicht daran(,) zu gehen.

Beachte aber: Bei erweiterten Infinitiven muss ein Komma gesetzt werden.
Beispiele:

Nach Hause zu gehen, daran dachte sie nicht.
Sie gab ihm das Versprechen, **heute zu kommen.**
Ihr größtes Vergnügen ist es, **am Sonntag mal so richtig auszuschlafen.**

Überprüfe hier, ob das Wissen sitzt

1 Setze bei den folgenden Satzpaaren jeweils an unterschiedlichen Stellen ein Komma, um die Bedeutung des Satzes zu verändern.

a) Lisa behauptet Steffi sei nicht sehr nett.

Lisa behauptet Steffi sei nicht sehr nett.

b) Er rät seinem Freund das Buch herauszugeben.

Er rät seinem Freund das Buch herauszugeben.

c) Celine holt die Medaille beim Sportfest nicht aber Emmi.

Celine holt die Medaille beim Sportfest nicht aber Emmi.

d) Sie freut sich auch wenn er nicht anruft.

Sie freut sich auch wenn er nicht anruft.

e) Daniel meint Tom sei schlecht im Tor.

Daniel meint Tom sei schlecht im Tor.

2 Hier kannst du selbst entscheiden, ob du ein Komma setzen willst oder nicht. Klammere das Komma ein.

a) Entweder du sagst jetzt sofort zu oder du kannst überhaupt nicht mehr mitspielen.

b) Wir warten mit unserem Antrag bis zur nächsten Schüler-Versammlung beziehungsweise wir können ja alles schon einmal schriftlich formulieren.

c) Entweder ich sage es ihm jetzt oder du sagst es ihm morgen.

d) Sie erklärte der Klasse ihr Anliegen und alle klatschten Beifall.

3 Überlege, aus welchem Grund in diesen Sätzen das Komma gesetzt werden kann. Trage den richtigen Buchstaben dahinter ein: FN = Formelhafte Nebensätze; MV = Missverständnisse vermeiden; SG = Sätze gliedern; EI = Einfacher Infinitiv
Kreuze den Satz an, in dem ein Komma stehen **muss.**

a) Gestern habe ich es endlich geschafft (,) zu packen.

b) Der Mann bedrängte den Fahrer (,) nicht (,) anzuhalten.

c) Vielleicht würde doch noch alles gut werden (,) oder zumindest könnte er sein größtes Problem in den Griff bekommen.

d) Bringt bitte (,) soweit vorhanden (,) Lampions zum Fest mit.

e) Heute schwimmen zu gehen (,) das würde ihr bestimmt gefallen.

1 a) Lisa, behauptet Steffi, ... – Lisa behauptet, Steffi ...
b) Er rät, seinem Freund ... – Er rät seinem Freund, das ...
c) ... Sportfest, nicht ... – ... Sportfest nicht, aber ...
d) ... sich, auch ... – ... sich auch, wenn ...
e) Daniel, meint Tom, ... – Daniel meint, Tom ...

2 a) ... sofort zu (,) oder ...
b) ... Schüler-Versammlung (,) beziehungsweise ...
c) ... jetzt (,) oder ...
d) ... Anliegen (,) und alle klatschten ...

3 a) EI
b) MV
c) SG
d) FN
e) Hier muss das Komma stehen, weil es um einen erweiterten Infinitiv mit Verweiswort (das) geht.

43

Die wichtigsten Kommaregeln im Überblick

Das Komma wird in den folgenden Fällen gesetzt:

Komma bei Aufzählungen

Beispiel:

Pia, Jana und Birgit sind gute Freundinnen.

Komma bei Einschüben oder Komma bei Zusätzen, nachgeschobenen Erklärungen

Beispiel:

Boris, mein Freund, kommt mit.

Komma vor entgegenstellenden Konjunktionen

Beispiel:

Tina will mir helfen, aber Lara nicht.

Komma trennt Ausrufe, Anreden, Bejahungen, Verneinungen, Bekräftigungen vom übrigen Satz

Beispiele:

Lass das, Sven! Toll, das finde ich gut.

Komma bei angekündigten Wortgruppen

Beispiel:

Sich mal zu entschuldigen, daran dachte er nie.

Komma zwischen Hauptsätzen (Satzreihe) (wenn sie durch *und, oder, sowie* miteinander verbunden sind, muss kein Komma gesetzt werden)

Beispiel:

Wenzel will an dem Projekt teilnehmen, (denn) Jana will auch mitmachen.

Komma trennt Hauptsatz und Nebensatz (einfaches Satzgefüge)

Beispiel:

Pauline will kommen, weil Carsten auch kommt.

Komma trennt Hauptsatz und Nebensätze (komplexes Satzgefüge)

Beispiel:

Iris verabredet sich mit Kai, den sie mag, weil er nicht mitgelacht hatte, als sie keine Antwort wusste.

Komma zwischen der wörtlichen Rede und dem folgenden Begleitsatz

Beispiel:

„Hast du heute Zeit?“, fragt Pauline.

Komma bei der indirekten Rede

Beispiel:

Auf Jochens Einladung antwortet Alexandra, sie habe wenig Zeit.

Komma beim erweiterten Infinitiv

Beispiele:

Er fehlt, ohne sich zu entschuldigen. Er gab das Versprechen, auf jeden Fall zu kommen. Sie erinnert ihn daran, zur Probe zu gehen.

Das Komma kann, muss aber in den folgenden Fällen nicht gesetzt werden:

Komma vor *und* bei der Aufzählung gleichrangiger Hauptsätze

Beispiel:

Ria spielt auf dem Klavier(,) und Sven begleitet sie auf seiner Klarinette.

Komma beim einfachen Infinitiv

Beispiel:

Er hat die Aufgabe(,) aufzuräumen.

Komma bei formelhaften verkürzten Nebensätzen/Gliedsätzen

Beispiele:

Davon abgesehen(,) ist er ein netter Kerl. Es kam(,) kurz gesagt(,) zu keinem Ergebnis.

Überprüfe hier, ob das Wissen sitzt

Hast du sorgfältig gelesen? – Dann kannst du in den folgenden Texten das Komma richtig setzen.

1 Die Weiber von Weinsberg

Der König belagerte einst die Burg von Weinsberg die seinem Feind einem Herzog gehörte. Den Soldaten des Königs gelang es schließlich nach langer Zeit die Burg eine schwer einzunehmende Festung auszuhungern. Den Männern drohte der König eine harte Bestrafung an den Frauen gegenüber zeigte er sich großzügig. Er erlaubte ihnen nämlich dass sie beim Auszug aus der Burg ihren wertvollsten Besitz mitnehmen dürften.

Die Belagerer sahen mit Erstaunen dass die Frauen sich ihre Männer auf die Schultern luden und diese aus der Burg schleppten. Einige Männer Gefolgsleute des Königs wollten das verhindern weil sie glaubten dass das Verhalten der Frauen gegen die Abmachung sei. Doch der König ein edelmütiger Sieger stand zu seinem Wort und ließ den listigen Frauen ihren Willen.

2 Die Indianer der Prärie

Wenn wir von Indianern hören denken wir meist an diejenigen die in den Gebieten der riesigen Ebenen den Prärien lebten.

Die Indianerstämme der Prärie besonders die Sioux haben ihre Eigenarten als Indianer länger bewahrt als andere Indianer die in den Wäldern, den Hochebenen den Trockensteppen oder Wüstengebieten lebten.

Besonders die Indianer der Prärie sind es auch die im 19. Jahrhundert in die Kämpfe mit den Weißen verwickelt wurden. Diese Indianer erfahren im Umgang mit Pferden sind es vor allem die in den unzähligen Geschichten Büchern Hörspielen und Filmen dargestellt werden.

In dem weiten Grasland der Prärie lebten Antilopen Rehe Elche Bären Wölfe Kojoten und Kaninchen. Der Büffel das größte Tier in dieser Landschaft war für die Indianer eine wichtige Lebensgrundlage.

1 Der König belagerte einst die Burg von Weinsberg, die seinem Feind, einem Herzog, gehörte.
Den Soldaten des Königs gelang es schließlich nach langer Zeit, die Burg, eine schwer einzunehmende Festung, auszuhungern. Den Männern drohte der König eine harte Bestrafung an, den Frauen gegenüber zeigte er sich großzügig. Er erlaubte ihnen nämlich, dass sie beim Auszug aus der Burg ihren wertvollsten Besitz mitnehmen dürften.
Die Belagerer sahen mit Erstaunen, dass die Frauen sich ihre Männer auf die Schultern luden und diese aus der Burg schleppten. Einige Männer, Gefolgsleute des Königs, wollten das verhindern, weil sie glaubten, dass das Verhalten der Frauen gegen die Abmachung sei. Doch der König, ein edelmütiger Sieger, stand zu seinem Wort und ließ den listigen Frauen ihren Willen.

2 Wenn wir von Indianern hören, denken wir meist an diejenigen, die in den Gebieten der riesigen Ebenen, den Prärien, lebten. Die Indianerstämme der Prärie, besonders die Sioux, haben ihre Eigenarten als Indianer länger bewahrt als andere Indianer, die in den Wäldern, den Hochebenen, den Trockensteppen oder Wüstengebieten lebten.
Besonders die Indianer der Prärie sind es auch, die im 19. Jahrhundert in die Kämpfe mit den Weißen verwickelt wurden. Diese Indianer, erfahren im Umgang mit Pferden, sind es vor allem, die in den unzähligen Geschichten, Büchern, Hörspielen und Filmen dargestellt werden.
In dem weiten Grasland der Prärie lebten Antilopen, Rehe, Elche, Bären, Wölfe, Kojoten und Kaninchen. Der Büffel, das größte Tier in dieser Landschaft, war für die Indianer eine wichtige Lebensgrundlage.

Anführungszeichen

Etwas wörtlich Wiedergegebenes schließt man mit Anführungszeichen ein.

■ Wörtliche Rede

Wörtliche Rede wird in Anführungszeichen gesetzt.

Bei der Wiedergabe wörtlicher Äußerungen ist vor allem darauf zu achten, dass nach der wörtlichen Rede immer dann ein **Komma** gesetzt wird, wenn der Begleitsatz folgt oder wenn der Begleitsatz nach der wörtlichen Rede weitergeht.
Beachte: Sowohl die wörtliche Rede als auch der Begleitsatz behalten ihre Ausrufe- oder Fragezeichen.
Beispiele:

Fragtest du nicht: „Wann beginnt der Film**?**“**?**
Sag ihm endlich mal deutlich: „Lass das sein**!**“**!**
Frag ihn doch mal: „Kannst du das nicht akzeptieren**?**“**!**

1. Begleitsatz vorn

Begleitsatz	Wörtliche Rede
Carina meint:	*„Heute fahren wir weg.“* (**Aussagesatz**)
Lars fragt:	*„Fahren wir heute?“* (**Fragesatz**)
Jens ruft:	*„Fahrt doch mit!“* (**Aufforderungssatz**/Wunschsatz/Ausruf)

2. Begleitsatz hinten

Wörtliche Rede	Begleitsatz
„Heute fahren wir weg“,	meinte Carina.
„Fahren wir heute?“,	fragt Lars.
„Fahrt doch mit!“,	ruft Jens.

3. Begleitsatz in der Mitte

Wörtliche Rede	Begleitsatz	Wörtliche Rede
„Morgen früh“,	bemerkt Martina,	„fahren wir los.“
„Das verstehe ich nicht“,	meint Steffi,	„warum fahren wir nicht mit dem Bus?“
„Das machen wir“,	ruft Frau Hermes,	„kommt mal alle her!“

4. Der Begleitsatz geht weiter

	Wörtliche Rede	Begleitsatz
Sie bemerkte:	„Es ist kalt heute“,	und zog sich einen Mantel an.
Sie fragte:	„Kommst du jetzt?“,	und schloss die Tür auf.
Sie forderte ihn auf:	„Lass das sein!“,	und drehte ihm den Rücken zu.

Überprüfe hier, ob das Wissen sitzt

Setze alle erforderlichen Zeichen für die wörtliche Rede in den folgenden Texten:
Anführungszeichen, Fragezeichen, Ausrufezeichen, Komma, Punkt.

1 Papa meint Tom zu seinem Vater wenn ich groß bin, heirate ich die Oma

Das geht nicht, mein Junge, du kannst nicht meine Mutter heiraten antwortet ihm der Vater.

Warum denn nicht beendet Tom das Gespräch du hast doch auch meine Mutter geheiratet

2 Micha übt wieder mal auf dem Schlagzeug. Gequält seufzt seine ältere Schwester

Manchmal wünsche ich mir, du würdest im Fernsehen oder im Radio spielen

Bin ich denn fragt daraufhin der kleine Bruder strahlend zurück schon so gut

Das nicht unbedingt, aber dann könnte ich dich abstellen antwortet seine Schwester, ohne ihr Gesicht zu verziehen.

3 Im Kunstunterricht sollen alle Kinder einen Engel malen. Die Kunstlehrerin geht herum und schaut sich die einzelnen Bilder an. Aber Silke, dein Engel hat ja zwölf Finger kommentiert sie Silkes Kunstwerk. Das ist schon richtig so antwortet Silke oder haben Sie schon mal einen Engel mit zehn Fingern gesehen

4 Ein Mann geht auf der Straße, bückt sich und hebt etwas auf.

Hat einer von Ihnen ein Bündel Hundertmarkscheine verloren, die mit einem Gummiband zusammengehalten waren fragt er die Vorbeigehenden.

Einer der Passanten bejaht dies sofort. Das geht in Ordnung meint der Mann

Ich habe nämlich das Gummiband gefunden

1 „Papa", meint Tim zu seinem Vater, „wenn ich groß bin, heirate ich die Oma."
„Das geht nicht, mein Junge, du kannst nicht meine Mutter heiraten", antwortet ihm der Vater.
„Warum denn nicht?", beendet Tom das Gespräch, „du hast doch auch meine Mutter geheiratet."

2 Micha übt wieder mal auf dem Schlagzeug. Gequält seufzt seine ältere Schwester:
„Manchmal wünsche ich mir, du würdest im Fernsehen oder im Radio spielen."
„Bin ich denn", fragt daraufhin der kleine Bruder strahlend zurück, „schon so gut?"
„Das nicht unbedingt, aber dann könnte ich dich abstellen", antwortet seine Schwester, ohne ihr Gesicht zu verziehen.

3 Im Kunstunterricht sollen alle Kinder einen Engel malen. Die Kunstlehrerin geht herum und schaut sich die einzelnen Bilder an. „Aber Silke, dein Engel hat ja zwölf Finger", kommentiert sie Silkes Kunstwerk. „Das ist schon richtig so", antwortet Silke, „oder haben Sie schon mal einen Engel mit zehn Fingern gesehen?"

4 Ein Mann geht auf der Straße, bückt sich und hebt etwas auf.
„Hat einer von Ihnen ein Bündel Hundertmarkscheine verloren, die mit einem Gummiband zusammengehalten waren?", fragt er die Vorbeigehenden.
Einer der Passanten bejaht dies sofort. „Das geht in Ordnung", meint der Mann.
„Ich habe nämlich das Gummiband gefunden."

Zitate, Hervorhebungen, indirekte Rede

Zitate werden in Anführungszeichen gesetzt.

Beispiel:

Zu Beginn des Romans „Der Untertan“ von Heinrich Mann heißt es: „Diederich Heßling war ein weiches Kind, das am liebsten träumte, sich vor allem fürchtete und viel an den Ohren litt.“

Hervorhebungen von Wörtern oder Textteilen

a) Titel von Büchern, Zeitschriften, Radio- und Fernsehsendungen und Überschriften von Gedichten und anderen Texten werden in Anführungszeichen gesetzt.

Beispiel:

In der Klasse 8a wird im Deutschunterricht Goethes Ballade „Der Zauberlehrling“ behandelt.

b) Sprichwörter oder Wörter, über die man eine Aussage machen will, werden in Anführungszeichen gesetzt.

Beispiele:

Die beiden Sprichwörter „Eile mit Weile“ und „Wer rastet, der rostet“ ergänzen sich gut.

Ein Nomen nach der Präposition „durch“ steht im 4. Fall.

c) Wörter oder Wortgruppen, die man anders als sonst verstanden wissen möchte, zum Beispiel ironisch, werden in Anführungszeichen gesetzt.

Beispiel:

Es war kalt und hat die ganze Zeit geregnet, das war vielleicht ein „Badeurlaub“.

Halbe Anführungszeichen

Steht in einem Text mit Anführungszeichen etwas bereits Angeführtes, so kennzeichnet man dies durch halbe Anführungszeichen.

Beispiel:

Janina schreibt in der letzten Nummer des Schülermagazins: „Die SV hat einstimmig beschlossen: ‚Wir setzen uns für die Einrichtung einer Cafeteria ein.‘ Die SV hofft auf die Unterstützung des Fördervereins.“

■ Im Vergleich: Wörtliche und indirekte Rede

Bei der **direkten/wörtlichen** Rede ist, je nach Stellung des Begleitsatzes, auf die Anführungszeichen und die anderen Satzzeichen (Doppelpunkt, Punkt, Komma, Fragezeichen, Ausrufezeichen) zu achten.
Bei der **indirekten/nichtwörtlichen** Rede ist vor allem auf das **Komma** zwischen Begleitsatz und indirekter Rede zu achten.
Beispiele:

Direkte Rede	Indirekte Rede
Sagt der Arzt zu seinem Patienten: „So, Herr Mertens, mit dieser Medizin können Sie endlich wieder richtig durchschlafen!" Patient Mertens daraufhin: „Das ist ja wirklich prima! Und wie oft soll ich die Tabletten einnehmen?" Der Arzt: „Alle zwei Stunden. Das reicht!"	Der Arzt gibt seinem Patienten, Herrn Mertens, der über nächtliche Schlaflosigkeit klagt, eine Medizin und meint, mit dieser Medizin könne er jetzt endlich wieder die Nächte durchschlafen. Der Patient meint daraufhin, das sei ja wirklich prima. Er fragt nun den Arzt, wie oft er denn die Tabletten nehmen solle. Der Arzt versucht seinen Patienten zu beruhigen und antwortet, die Einnahme solle am besten alle zwei Stunden erfolgen, das reiche.

Überprüfe hier, ob das Wissen sitzt

1 Setze die fehlenden Anführungszeichen.

a) Wenn man nichts von einer Sache wissen will, gebraucht man manchmal auch das Sprichwort Was ich nicht weiß, macht mich nicht heiß.

b) Wir hatten eine Inhaltsangabe auf zu Theodor Fontanes Ballade Die Brück' am Tay.

c) Das Zitat Hier steh' ich nun ich armer Tor stammt aus Goethes berühmtem Drama Faust.

2 Setze den folgenden Text in die wörtliche Rede.

Die Mutter fragt ihren Sohn Jan, wie es denn heute beim Geigenunterricht gewesen sei. Es sei wirklich toll gewesen, antwortet Jan, er mache offenbar vorzügliche Fortschritte, der Lehrer habe sogar Tränen in den Augen gehabt.

3 Setze die fehlenden Anführungszeichen und die fehlenden Zeichen der wörtlichen Rede.

a) Der Reporter fragt besorgt Ist die Verletzung aus dem vorigen Spiel sehr schlimm

b) In diesem Hotel habe ich mich gefühlt wie in dem Märchen Die Prinzessin auf der Erbse.

c) Sie fragte den Händler Haben Sie die Musik, die zu dem Film Menschen am Sonntag komponiert wurde

d) Während er sich den Schaden besah, murmelte er etwas von Pech im Spiel, Glück in der Liebe.

e) Man soll die Feste feiern, wie sie fallen war immer sein Motto gewesen.

f) Ich möchte an dieser Stelle auf einen Dialog aus Biedermann und die Brandstifter hinweisen.

g) Sie zitierte Wilhelm Busch mit den Worten Wofür sie besonders schwärmt, wenn er wieder aufgewärmt und gab jedem eine Portion Sauerkraut auf den Teller.

1 a) … das Sprichwort „Was ich nicht weiß, macht mich nicht heiß"
b) Theodor Fontanes Ballade „Die Brück' am Tay"
c) Das Zitat „Hier steh' ich nun, ich armer Tor" stammt aus Goethes berühmtem Drama „Faust".

2 Die Mutter fragt ihren Sohn Jan: „Wie war es denn heute beim Geigenunterricht?"
„Es ist wirklich toll gewesen", antwortet Jan, „ich mache offenbar vorzügliche Fortschritte, der Lehrer hat sogar Tränen in den Augen gehabt."

3 a) Der Reporter fragt besorgt: „Ist die Verletzung aus dem vorigen Spiel sehr schlimm?"
b) In diesem Hotel habe ich mich gefühlt wie in dem Märchen „Die Prinzessin auf der Erbse".
c) Sie fragte den Händler: „Haben Sie die Musik, die zu dem Film ‚Menschen am Sonntag' komponiert wurde?"
d) Während er sich den Schaden besah, murmelte er etwas von „Pech im Spiel, Glück in der Liebe".
e) „Man soll die Feste feiern, wie sie fallen" war immer sein Motto gewesen.
f) Ich möchte an dieser Stelle auf einen Dialog aus „Biedermann und die Brandstifter" hinweisen.
g) Sie zitierte Wilhelm Busch mit den Worten „Wofür sie besonders schwärmt, wenn er wieder aufgewärmt" und gab jedem eine Portion Sauerkraut auf den Teller.

Weitere Satzzeichen

Semikolon

Mit dem Semikolon (Strichpunkt) kann man einen höheren Grad der Abgrenzung im Satzgefüge zwischen zwei Hauptsätzen ausdrücken als mit dem Komma und einen geringeren Grad als mit dem Punkt.

Beispiel:

Es war ganz still; langsam öffnete sie die Tür.

Zum Vergleich:

Es war ganz still, langsam öffnete sie die Tür.
Es war ganz still. Langsam öffnete sie die Tür.

Gedankenstrich

Der einfache Gedankenstrich ersetzt an der Stelle alle anderen Satzzeichen. Man kündigt an, dass etwas Wichtiges und Unerwartetes folgt.

Beispiel:

Dann tat er etwas, womit niemand rechnete – er drehte sich um und ging.

Der doppelte Gedankenstrich grenzt Zusätze/Einfügungen vom übrigen Satz ab; er ersetzt andere Satzzeichen nicht, d.h., Satzzeichen, die zum einschließenden Satz gehören, müssen gesetzt werden.

Beispiele:

Eines Tages – es war an einem Mittwoch – stand er vor der Tür. Sie betonte – das weiß er noch ganz genau –, dass sie ihn nicht mehr sehen wollte.

Klammern

Mit Klammern schließt man Zusätze oder Nachträge ein. Eine Klammer steht am Beginn des Zusatzes, eine zweite am Ende.
Klammern kennzeichnen das Eingeklammerte als zusätzliche Information.
Ausrufe- oder Fragezeichen, die zum Nachtrag gehören, setzt man vor die abschließende Klammer.

Beispiele:

Ich erwarte dich nächste Woche (merke dir bitte den Mittwoch!).
Eines Tages (wann war das noch genau?) tauchte plötzlich Tante Irma aus Amerika bei uns auf.

Paderborn (Ostwestfalen)
„Ich bin der erste Diener meines Staates“ (Friedrich der Große).

Apostroph

Mit dem Apostroph zeigt man, dass man in einem Wort einen oder mehrere Buchstaben ausgelassen hat.

a) bei Eigennamen im Genitiv, die auf einen s-Laut enden
   Beispiele:
   Johannes' Schwester, Heinz' Geburtstag
   Beachte aber: die Schwester von Johannes

b) bei Wörtern mit Auslassungen im Wortinneren
   Beispiele:
   Ku'damm – Kurfürstendamm
   D'dorf – Düsseldorf
   Bei der Kurzform des Pronomens ist kein Apostroph nötig.
   Beispiele:
   Gehts dir wieder gut?
   Nimms nicht zu genau!

Ergänzungsstrich

Mit dem Ergänzungsstrich zeigt man an, dass in Zusammensetzungen einer Aufzählung ein gleicher Bestandteil ausgelassen wird.

Beispiele:
Hin- und Rückfahrt
ein- und ausladen
Verkehrslenkung und -überwachung

Bindestrich

Der Bindestrich bietet die Möglichkeit, bei Zusammensetzungen einzelne Bestandteile zu kennzeichnen.

Beispiele:
A-Dur, dpa-Meldung, D-Zug-Wagen, das Auf-die-lange-Bank-Schieben

Beachte aber einfache Zusammensetzungen mit Infinitiv.

Beispiele:
das Autofahren, das Ballspielen

Überprüfe hier, ob das Wissen sitzt

1 Setze in den folgenden Sätzen jeweils einmal oder zweimal einen Gedankenstrich.

a) Jonas er war lange Zeit mein bester Freund ist mit seinen Eltern nach Süddeutschland umgezogen.

b) Eines schönen Tages es war im Hochsommer stand sie plötzlich wieder vor der Tür.

c) Er lief und lief, hielt plötzlich an und sah den Gesuchten vor sich stehen.

2 Setze die passenden Zusätze oder Nachträge in Klammern.

a) „Der Staat bin ich." Ludwig XIV.

b) Wir verabreden uns zu Dienstagnachmittag um 16.00 Uhr ich hoffe du kommst.

c) Heute Morgen ich glaube es war sechs Uhr schellte es plötzlich.

d) Bochum Ruhrgebiet

3 Setze einen Apostroph, wenn nötig.

a) Ein e i n z g e r Augenblick genügte.

b) s ist sehr spät geworden heute!

c) H a n s Brüder (die Brüder von Hans)

d) J e n s berühmte Torschüsse (die berühmten Torschüsse von Jens)

e) M g l a d b a c h

f) A n d r e a s Garten (der Garten von Andrea)

g) A n d r e a s Garten (der Garten von Andreas)

4 Setze an passenden Stellen den Ergänzungsstrich oder Bindestrich.

a) treppauf und ab

b) Kaffeeersatz

c) Kfz Versicherung

d) Musik CD

e) Primar und Sekundarbereich

f) D Dur

g) das Auf und Abspringen

1 a) Jonas – er war lange Zeit mein bester Freund – ist ...
b) Eines schönen Tages – es war im Hochsommer – stand sie ...
c) ... hielt plötzlich an und – sah den Gesuchten vor sich stehen.

2 a) (Ludwig XIV.)
b) ... um 16 Uhr (ich hoffe, du kommst!).
c) Heute Morgen (ich glaube, es war sechs Uhr) schellte ...
d) Bochum (Ruhrgebiet)

3 a) Ein einz'ger Augenblick
b) 's ist sehr spät geworden
c) Hans' Brüder
d) Jens' berühmte Torschüsse
e) M'gladbach
f) Andreas Garten
g) Andreas' Garten

4 a) treppauf und -ab
b) Kaffee-Ersatz
c) Kfz-Versicherung
d) Musik-CD
e) Primar- und Sekundarbereich
f) D-Dur
g) das Auf- und Abspringen

Anhang

In diesem Anhang findest du eine Liste mit schwierig zu schreibenden Wörtern und Ausdrücken. Auf den freien Linien kannst du selbst Wörter eintragen, die dir Probleme bereiten.

So kannst du die Wörter üben und dir gut einprägen:

- Schreibe sie auf Karteikarten und lege sie im ersten Fach eines Karteikastens ab. Wenn du sie üben willst, nimmst du einige Karten heraus, prägst dir die Schreibung ein und schreibst sie dann auswendig auf. Hast du richtig geschrieben, kann die Karte in das nächste Fach im Karteikasten. Bei falscher Schreibung musst du dieses Wort wiederholen und die Karte bleibt in Fach 1.
- Schließe die Augen und stelle dir die Wörter geschrieben vor.
- Lass sie dir – wie beim Vokabellernen – von einem Partner abfragen. Kannst du die Wörter richtig buchstabieren?
- Wörter, die dir besondere Schwierigkeiten machen, schreibst du auf kleine Haftzettel. Klebe diese dorthin, wo du im Laufe des Tages häufig hinsiehst.
- Je häufiger du die Wörter geschrieben hast, umso sicherer beherrschst du sie. Suche zum Beispiel zehn Wörter aus und ordne sie nach dem Alphabet. Bilde Sätze mit den Wörtern und schreibe sie auf.
- Lege ein eigenes Heft, zum Beispiel Vokabelheft, für schwierige Wörter an. Hier kannst du alle Begriffe eintragen, die dir noch Mühe machen.
- Auf den Seiten 200 bis 208 findest du einige Übungsdiktate, mit denen du testen kannst, ob du nun in Rechtschreibung und Zeichensetzung sicher bist. Es sind gemischte Diktate, in denen alle Themen aus diesem Buch vorkommen.
- Lass dir den Text diktieren oder lies das Diktat langsam und deutlich selbst laut vor und nimm es auf eine Kassette auf. Die Sprechtakte sind durch senkrechte Striche angegeben. Die Zeichensetzung wird mitdiktiert, es sei denn, du willst gerade diesen Bereich besonders üben – dann natürlich nicht.
- Vergleiche anschließend genau, ob du alles richtig gemacht hast.

Verzeichnis schwierig zu schreibender Wörter und Ausdrücke

A

abends
montag**a**bends
gestern/heute/
morgen **A**bend
abwärts gehen
in **A**cht nehmen
der/die **A**chte
8-jährig
der/die **8-J**ährige
über **a**chtzig
allein erziehend (auch zus. möglich)
die **A**lleinerziehende
Akkordeon
Allee
im **A**llgemeinen
allzu oft
allzu sehr
für **A**lt und **J**ung
er bleibt der **A**lte
alles beim **A**lten lassen
der/die/das **a**ndere
alle **a**nderen
nichts **a**nderes
anders denkend
aneinandergeraten
jemandem **A**ngst machen
im **A**rgen liegen
bei **A**rm und Reich
aufeinanderfolgen
ein Aufsehen erregendes
Ereignis (auch zus. möglich)
auseinandergehen
aus sein
außerstande, auch:
außer Stande

B

Balkon
behände
beieinandersitzen
beisammen sein
jeder/jede **B**eliebige
im **B**esonderen
es ist das **B**este
zum **B**esten geben
in **B**etreff
in/mit **B**ezug auf
Biss
bi**ss**chen
blau gestreift, auch: blaugestreift
bleiben lassen
braun gebrannt, auch:
braungebrannt
brütend heiß

C

Chaussee
Cleverness
Computer

D

da sein
dabei sein
dahinterkommen (= erfahren, etwas herausfinden)
danebenbenehmen
daneben stellen
darauf folgend, auch: darauffolgend
daraufhin
das (Artikel oder Pronomen)
dasjenige
dass (Konjunktion)
auf dass
bis dass
sodass, auch: so dass
dasselbe
Delphin, auch: Delfin
dessen ungeachtet
auf **D**eutsch
durcheinanderbringen

E

im **E**inzelnen
das **e**rste Mal, zum **e**rsten Mal
der/die/das **E**rste
fürs **E**rste
die **e**rste Hilfe, auch: Erste Hilfe

F

Fabrik
fallenlassen (aufgeben)
fast (= beinahe)
sie fasst (von: fassen)
fern liegend, auch: fernliegend
fest angestellt, auch: festangestellt
am **f**olgenden Tag
im **F**olgenden
Folgendes
infrage, auch: in Frage
frisch gekocht
früh verstorben, auch: frühverstorben
fünftausend
der **F**ünftausender

G

im **G**anzen gesehen
gar kein
gar nicht, gar nichts
genau genommen, auch: genaugenommen
genauso gut
frisch gepresst, auch: frischgepresst
gestern Abend/Morgen/Nachmittag/Nacht
getrennt lebend
glatt gehen
gleich lautend
das **G**leiche
aufs **G**leiche hinauslaufen
Gräuel
gräulich
grob gemahlen, auch: grobgemahlen
im **G**roßen und Ganzen
großschreiben (= mit großem Anfangsbuchstaben)
groß schreiben (= in großer Schrift)
gut gehen (gut zu Fuß sein)
gut gelaunt, auch: gutgelaunt
guttun
gut unterrichtet, auch: gutunterrichtet

H

Halt machen, auch: Haltmachen
hart gekocht, auch: hartgekocht
heiß geliebt, auch: heißgeliebt
heute Abend/Mittag/Morgen
hundertprozentig

I

im **A**llgemeinen
im **B**esonderen
im **E**inzelnen
im **N**achhinein
im **Ü**brigen
im **V**oraus
im **V**orhinein
in **B**etreff
in **B**ezug auf
infrage stellen, auch: in Frage stellen
instand halten, auch: in Stand halten
irgendetwas

J

ein zweijähriges Kind
ein **2**-Jähriger
ein **j**eder
jedes Mal
für **J**ung und **A**lt

K

Kaffee-Ersatz, auch: Kaffeeersatz
Kaninchen
klein gedruckt, auch: kleingedruckt
klein schneiden, auch:
kleinschneiden
kleinschreiben (= mit kleinem
Anfangsbuchstaben)
klein schreiben (= in kleiner Schrift)
Klima
kochend heiß
Kommissar
Kompromiss
kurzhalten (streng behandeln)

L

länglich
laufenlassen (entkommen lassen)
auf dem **L**aufenden sein
leid **sein**
leidtun
der/die/das **L**etzte
als **L**etzter
lieb haben
liegen lassen

M

zum ersten **M**al
Millionen **M**al
Maschine schreiben
maßhalten, auch:
Maß halten
nicht im **M**indesten
Missverständnis
mit Bezug auf
mithilfe, auch: mit Hilfe
sein **M**öglichstes tun
morgen Abend/Mittag/Nacht
der frühe **M**orgen
gestern/heute **M**orgen
zumute sein, auch: zu Mute sein

N

im **N**achhinein
die **n**ächste Straße
der **N**ächste
naheliegen, sich nahestehen
nichts sagend, auch: nichtssagend
nummerieren
Nummerierung
Nussschale, auch: Nuss-Schale

P

ein **p**aar Bücher
ein schönes **P**aar
Panther, auch: Panter
pleite **sein**
pleitegehen, **p**leitemachen
Portemonnaie, auch: Portmonee
privat versichert, auch: privatversichert
Probe fahren

Q

Qual
Quäntchen
Quark

R

Rad fahren
das **ist** mir **r**echt
Recht behalten/bekommen/haben
jemandem **R**echt geben
Redaktion
Revolution
richtigstellen (Sachverhalt berichtigen)
ruhenlassen (nicht mehr darüber sprechen)
ruhigstellen (durch Medikamente beruhigen)

S

sauber machen, auch: saubermachen
schiefgehen (misslingen)
Schifffahrt, auch: Schiff-Fahrt
schlecht gehen, auch:

schlechtgehen
schlecht gelaunt, auch: schlechtgelaunt
das **S**chlimmste
aufs **S**chlimmste gefasst sein
schmutzig grau
schnelllebig
schuld **sein**
an etwas **S**chuld haben
sein lassen
aufseiten, auch: auf Seiten
selbständig, auch: selbstständig
sitzenbleiben(nicht versetzt werden)
sitzenlassen (im Stich lassen)
sodass, auch: so dass
so viel, so viele
alles Sonstige
Spaghetti, auch: Spagetti
spazieren fahren, spazieren gehen
Stängel
stattdessen/statt dessen
stehenbleiben (Uhr), auch: stehen bleiben
Stewardess
still sitzen
im Stillen

T

tagaus, tagein
Telefon
Terrasse
Tiger
tot geboren, auch: totgeboren
Tourist
treu ergeben, auch: treuergeben
im **T**rüben fischen
tschüs, auch: tschüss

U

übel nehmen, auch: übelnehmen
überhandnehmen
überschwänglich
übrig bleiben, übrig lassen
alles **Ü**brige
im **Ü**brigen
im **U**nklaren bleiben/lassen/sein
Unrecht behalten/haben
unten stehend, auch: untenstehend
untereinanderschreiben

V

im **V**erborgenen blühen
verloren gehen
viel befahren, viel gelesen
viel zu viel, viel zu wenig
die **v**ielen
vielleicht
vonseiten, auch: von Seiten
im **V**oraus
vorwärtsgehen, vorwärtskommen

W

weich gekocht, auch:
weichgekocht
weiß gekleidet, auch:
weißgekleidet
aus **S**chwarz **W**eiß machen
des Weiteren
weit verbreitet, auch:
weitverbreitet
widersprechen
wiederholen
wiederkommen
wie viel, wie viele
der **W**ievielte ist heute?
der wievielte Versuch?

Z

zeitweise
eine **Z**eit lang
zufriedenstellen
zugrunde liegend, auch:
zu Grunde liegend
zugrunde richten, auch:
zu Grunde richten
zugunsten, auch:
zu Gunsten
zuletzt
zumute sein, auch:
zu Mute sein
zurande kommen, auch:
zu Rande kommen
zusammenschreiben
diese Bestandteile werden
zusammengeschrieben
zusammen sein
zustande bringen, auch:
zu Stande bringen
zu viel, zu viele
zu wenig
das **z**weite Mal
jeder/jede **Z**weite

ANHANG

Diktat 1

■ Die Hauskatze |

Ursprünglich stammt unsere Hauskatze aus dem warmen Ägypten. | Vielleicht kommt es daher, | dass sich Katzen mit Vorliebe | an warmen Orten nahe der Heizung | oder auf einer sonnigen Fensterbank aufhalten. | Wenn sich die Katze wohlfühlt, | schnurrt sie. | Katzen sind Einzelgänger, | die sich zwar an den Menschen gewöhnen, | aber keine feste Bindung zu ihm eingehen. | Katzen verständigen sich untereinander | nicht nur mithilfe* ihrer Stimme, | sondern auch durch ihre Körperhaltung und mit Duftmarken. | Das schärfste Sinnesorgan der Katze ist das Auge. | Bei Dämmerung sieht sie viel besser als ein Mensch, | im Dunkeln orientiert sie sich mit ihrem Gehör. | Mit ihren Schnurrhaaren kann die Katze Hindernisse abtasten und erkennen. ||

107 Wörter
* hier ist auch Getrenntschreibung möglich: mit Hilfe

Diktat 2

Das Wetter |

Heute ist es nahe der polnischen Grenze | anfangs noch stärker bewölkt, | im Laufe des Tages heitert es aber immer weiter auf | und es bleibt trocken. | In den übrigen Landesteilen | scheint nach Auflösung örtlicher Frühnebelfelder | wie gestern verbreitet die Sonne. | Gegen Abend können im Westen | allerdings einige Regenwolken aufziehen, | die leichten Sprühregen mit sich bringen. | Die Temperatur liegt bei 10 bis 12 Grad in der Lausitz, | sonst werden 13 bis 15 Grad erreicht. | In der Nacht ist es verbreitet noch klar, | im Westen werden die Wolken dichter(,) | und in den Morgenstunden | ist vereinzelt leichter Regen möglich. | Die Temperatur sinkt auf 6 Grad in Küstennähe | und bis –1 Grad im Süden des Landes. | Am Mittwoch ist es teilweise etwas aufgelockert, | meist jedoch stark bewölkt(,) | und vor allem südlich des Mains | kann es zeitweise regnen. | Die Tageshöchstwerte erreichen 13 bis 16 Grad, |bei Regen maximal 10 Grad. ||

144 Wörter

Diktat 3

Hans und der Großvater |

Hans studierte an der Universität. | Als er von dort nach Hause kam, saß der Großvater bei Tisch | und hatte drei gekochte Eier vor sich, die er essen wollte. | „Nun“, sprach der Großvater, | „erzähle mir doch einmal, was du gelernt hast | für das viele Geld, das wir dir zugeschickt haben!“ | Hans antwortete: „Lieber Großvater, | ich habe fleißig die Logik studiert.“ |

„Logik, was ist denn das?“ |

„Das will ich dir zeigen“, | sagte Hans, „in dieser Schüssel | liegen drei Eier. Ich beweise dir | durch meine Logik, dass es nicht drei, | sondern fünf sind.“ |

Der Großvater staunte. | Dann erklärte Hans: | „Wer drei Eier hat, der hat doch auch zwei, | oder etwa nicht?“ | Der Großvater stimmte zu. |

„Nun sind aber 2 + 3 = 5, | wie jeder weiß. | Und daraus folgt ganz klar, | dass wer zwei und drei Eier hat, auch fünf Eier hat.“ |

„Nun sehe ich ein, | dass ich mein Geld nicht umsonst ausgegeben habe“, | sagte der Großvater, | „und weißt du was? | Ich will die drei Eier nehmen, | die in der Schüssel liegen. | Du kannst dann die übrigen zwei essen, | die du dir durch deine Logik wirklich verdient hast.“ ||

187 Wörter

Diktat 4

Marionetten |

Eine Marionette ist eine Gliederpuppe, | die von einem Marionettenspieler mit Hilfe* von Fäden, | die an den einzelnen Gliedern befestigt sind, | bewegt wird. | Ihre Köpfe bestanden früher häufig aus Lindenholz, | weil es weich genug ist, um einfach bearbeitet zu werden, | und hart genug, um lange zu halten. | Heute werden verschiedene Materialien verwendet: | Hart- und Weichschaum, Latex, | Pappmaschee und vieles mehr. |

Im Gegensatz zu einer Handpuppe | kann hier die ganze Figur bewegt werden, | also auch die Beine, | wodurch die Figur sehr lebensecht erscheint. | Allerdings kann sie keine Handlungen ausführen | wie Greifen oder Umarmen | und sie hat stets denselben Gesichtsausdruck. | Aber der Spieler kann sie Bewegungen ausführen lassen, | die kein Mensch könnte, indem er sie | zum Beispiel durch die Luft fliegen lässt. | Dies macht sie gerade für fantastisches Geschehen auf der Bühne so geeignet. | Der Spieler selbst kann beim Spiel völlig verdeckt bleiben, | sodass nur die Figur für das Publikum sichtbar ist. |

Eines der bekanntesten Marionettentheater in Deutschland | ist die Augsburger Puppenkiste, | in der so beliebte Figuren wie Jim Knopf, | das Urmel oder der kleine, dicke Ritter aufgetreten sind. ||

176 Wörter

* hier ist auch Zusammenschreibung möglich: mithilfe

Diktat 5

Die Lehrerin, die an alles denken wollte |

Eine Lehrerin wollte mit ihrer Klasse eine Radtour machen. | Sie überlegte, was sie mitnehmen müssten. | An alles wollte sie denken. | „Es könnte Regen geben“, befürchtete sie. | Also packten sie Regenmäntel, Gummistiefel und trockene Socken ein. | „Es könnte früh dunkel werden“, meinte eine Schülerin. | Deshalb nahm jeder eine Taschenlampe mit. | „Was machen wir, wenn wir uns verirren?“, fragte ein ängstlicher Schüler. | Dann müssten sie draußen übernachten. | Deshalb packten sie Zelte und Schlafsäcke ein, | dazu einen Spirituskocher, einen großen Kochtopf und Lebensmittel für mehrere Tage. | Es war klar, dass jeder Pflaster und Verbandszeug einpacken musste. | Dann fiel der Lehrerin noch ein, dass es neblig werden könnte. | Also hängte sie sich ein Nebelhorn um den Hals. | So radelten sie los, | traten in die Pedale, keuchten und schwitzten. | Aber sehr weit kamen sie nicht, | denn nach hundert Metern platzte am Rad der Lehrerin ein Reifen, | weil sie so schwer bepackt war. | Und an Werkzeug hatte niemand gedacht. ||

163 Wörter

Diktat 6

Denkmäler |

Als Denkmal bezeichnet man meistens Bauwerke, die Menschen in vergangenen Zeiten geschaffen haben. | Denkmäler zeigen uns nicht nur, wie man früher gebaut hat, | sondern auch, wie die Menschen gelebt, gearbeitet und gedacht haben. | Damit liefern sie uns wertvolle Kenntnisse über die Geschichte. | Man kann es so sagen: | Denkmäler sind Zeugen einer früheren Zeit. |

Zu den Baudenkmälern gehören nicht nur Burgen, Schlösser, Kirchen, | vielmehr zählt man auch technische Bauwerke wie Fabriken, Bergwerke, Brücken, | Leuchttürme oder Windmühlen dazu. | Naturdenkmäler können einzelne Bäume, oft besonders alte oder seltene, | sowie Gärten, zum Beispiel historische Bauerngärten, | oder Parkanlagen sein. |

Weiterhin spricht man von „beweglichen Denkmälern“, | wenn das Bauwerk sich von einem Ort zum anderen bewegen kann, | wie dies zum Beispiel bei Zügen, Flugzeugen oder Schiffen der Fall ist. |

Denkmäler im engeren Sinne sind künstlerisch gestaltete Objekte, | die mit dem Ziel geschaffen wurden, | an ein Ereignis, einen Menschen oder einen Brauch zu erinnern. | Fällt dir ein Denkmal | – ob so oder so verstanden – | in deiner Umgebung ein? ||

161 Wörter

Diktat 7

Der mit Salz beladene Esel |

Ein Esel war schon seit dem Morgen unterwegs. | Auf dem Rücken trug er schwere Säcke voller Salz und er war müde. | Er kam an einen Fluss, den er überqueren musste. | An einer flachen Stelle stieg der Esel in das Wasser. | Aber bald kam er so ins Straucheln, | dass er hinfiel. | Er blieb einige Augenblicke im Fluss liegen, | um im kühlen Wasser frische Kraft zu schöpfen. |

Beim Aufstehen fühlte er sich um einen großen Teil seiner Last erleichtert, | weil sich das Salz im Wasser aufgelöst hatte. | Das merkte er sich. |

Am folgenden Tag bestand seine Last aus vielen Schwämmen, | die sich hoch auf seinem Rücken türmten. | Sobald der Esel an dem Fluss angekommen war, | ließ er sich mit Absicht ins Wasser fallen. |

Doch dieses Mal saugten sich die Schwämme schnell mit Wasser voll. | Dadurch waren sie viel schwerer als vorher. | Die Last war so groß, | dass der Esel nicht mehr von allein aufstehen konnte. |

Merke: Nicht jedes Mittel taugt für jeden Fall. ||

174 Wörter

Diktat 8

Reden mit dem Bauch? |

Manchmal sieht man im Fernsehen oder im Zirkus einen Bauchredner. | Er hat meistens eine Handpuppe dabei | und unterhält sich mit ihr. | Dabei sieht es so aus, als ob ihm die Puppe mit einer eigenen Stimme antwortet. | Viele glauben, | dass der Bauchredner zum Sprechen tatsächlich seinen Bauch benutzt. | In Wirklichkeit erzeugt er die Töne in seinem Mund, | ohne die Lippen zu bewegen. | Man braucht sehr viel Übung, | um das Publikum auf diese Weise täuschen zu können. |

Am besten funktioniert es, | wenn der Bauchredner dabei lächelt. | Dann kann er hinter den leicht geöffneten Lippen unauffällig die Worte formen. | Damit die Zuschauer gar nicht so genau auf seinen Mund achten, | lenkt er sie durch Bewegungen der Puppe ab. | Versuch es doch auch einmal! ||

124 Wörter

ANHANG

Diktat 9

Kinder im Sudan |

Der Sudan ist das größte Land Afrikas. | Vor allem der Süden zählt zu den ärmsten Gebieten der Erde. | Seit vielen Jahren wütet ein schlimmer Bürgerkrieg im Land, | an dessen Folgen bereits fast zwei Millionen Menschen gestorben sind. | Immer wieder kam es in den vergangenen Jahren | zu verheerenden Hungersnöten, | sodass inzwischen jedes fünfte Kind an Unterernährung leidet. |
In keinem anderen Land der Welt haben die Kinder | eine so schlechte Schulausbildung wie hier. | Nur jedes fünfte schulpflichtige Kind wird überhaupt eingeschult, | wobei es die Mädchen noch schlechter trifft: | Unter den Schulanfängern sind dreimal mehr Jungen. | Der Unterricht findet meist unter Bäumen im Freien statt, | ohne Möbel und nur notdürftig | mit Schulbüchern oder Schreibutensilien ausgestattet. | Die kaum oder gar nicht ausgebildeten Lehrer | bringen den Kindern gerade mal ein wenig Lesen und Schreiben bei. | Jedes Jahr schaffen es nur 500 Mädchen und 2000 Jungen | im ganzen Land bis zur achten Klasse. | Da wundert es nicht, wenn auch die meisten Erwachsenen Analphabeten sind. | Von zehn Frauen kann nur eine lesen und schreiben. ||

170 Wörter